きます。

　最後に、本書の企画・編集・校正にわたってご尽力をいただいた（株）税務研究会の長倉潤氏にこの場を借りて心から謝意を申し上げます。

令和5年2月

公認会計士・税理士　太田達也

刊行にあたって

　令和5年10月1日より、「適格請求書等保存方式」（いわゆる「インボイス方式」）の適用が始まります。インボイス方式は、現行の区分記載請求書等保存方式とは大幅に内容が異なる制度になります。

　適格請求書等保存方式の登録制度、帳簿・請求書等の取扱い、適格請求書等の交付・保存の取扱い、電子インボイスへの対応、免税事業者等からの仕入れなど、対応しなければならない課題が山積しています。また、旅費交通費の精算の取扱いなど、仕入税額控除を適切に行えるように社内規程の整備を行う対応も必要になります。

　第1章では、これまでの消費税制度の変遷を解説しています。消費税が導入された平成元年4月から今回のインボイス制度の創設に至るまでの改正内容を整理することができます。

　第2章では、軽減税率と非課税制度・免税制度との比較を行っています。軽減税率制度の位置づけを理解できると思われます。

　第3章では、適格請求書等保存方式における登録制度について解説しています。登録の手続、登録内容に変更があったときの取扱い、免税事業者が登録を受けるための手続、新設法人の登録時期の特例など、実務に必要な内容がまとめられています。

　第4章では、適格請求書等保存方式における帳簿・請求書等を解説しています。帳簿および適格請求書の記載事項、複数の書類で記載事項を満たす取扱い、仕入明細書方式、適格返還請求書などを取り上げています。

　第5章では、適格請求書等の交付・保存等について解説しています。適格請求書の交付義務、適格請求書の交付義務が免除される取引、適格請求書等の写しの保存、電子インボイス、委託販売の取扱いなど、実務において重要な内容がまとめられています。

　第6章では、適格請求書等保存方式における仕入税額控除の要件を解説

しています。帳簿のみの保存により仕入税額控除が認められる取引、仕入税額控除の要件を満たす請求書等、立替金の取扱い、口座振込・口座振替の取扱いなど、実務に必須の内容がまとめられています。

　第7章では、適格請求書等保存方式における税額の計算を解説しています。売上税額の計算と仕入税額の計算に分けて、内容を理解・整理する必要があります。

　第8章では、免税事業者等からの仕入れの取扱いを解説しています。適格請求書等保存方式の導入以後の6年間について適用される経過措置の内容や免税事業者等からの仕入れに係る経理処理についても取り上げています。

　第9章では、実務上の諸課題への対応を解説しています。実務上問題となりやすい項目として、売手負担の振込手数料の取扱い、請求書等に記載された消費税額等と帳簿に記載された消費税額等にずれが生じる場合の取扱い、課税期間をまたぐ適格請求書による税額の計算、銀行等の金融機関から振込サービス等の役務提供を受けた場合、従業員等の出張旅費等の取扱い（公共交通機関特例と出張旅費等特例との区別（使い分け））を取り上げています。

　本書の内容は、適格請求書等保存方式（インボイス方式）について、基本事項から実務レベルの必要事項や留意点などを一通りカバーしているものと思われます。会社実務担当者および税理士・会計士等の専門家に幅広くお薦めします。

　なお、本書の内容のうち意見にわたる部分には、筆者の個人的見解が含まれています。したがって、文責はすべて筆者にあることをお断りしておきます。

　最後に、本書の企画・編集・校正にわたってご尽力をいただいた（株）税務研究会の長倉潤氏にこの場を借りて心から謝意を申し上げます。

令和4年8月

公認会計士・税理士　太田達也

目　次

第4章　適格請求書等保存方式における帳簿・請求書等

第5章　適格請求書等の交付・保存等

第6章　適格請求書等保存方式における仕入税額控除の要件

第7章　適格請求書等保存方式における税額の計算

第8章　免税事業者等からの仕入れの取扱い

第9章　実務上の諸課題への対応

第1章

これまでの消費税制度の改正を振り返って

消費税制度は平成元年4月から導入され、これまで多岐にわたる改正が行われてきたが、それらの改正の趣旨と内容を整理する。

Ⅰ　これまでの消費税制度の変遷

1. 税率の改定

　平成元年 4 月 1 日以降に消費税は 3 ％の税率で導入された。平成 9 年 4 月 1 日以降の税率が 4 ％に引き上げられ、同時に消費税額に100分の25を乗じた額の地方消費税が導入されたため、実質的な合計税率は 5 ％とされた。地方消費税の譲渡割の申告および納付は、法令上は各都道府県に対して行うものとされているが、事業者の事務負担に配慮し、当分の間、消費税および地方消費税の申告を所轄税署長に対して行うものとし、その賦課徴収についても国が消費税と併せて行うものとされている。

　平成24年 8 月10日に、「社会保障の安定財源の確保等を図る税制の抜本的な改革を行うための消費税等の一部を改正する等の法律」が国会で可決され、平成26年 4 月 1 日以降は 8 ％（消費税6.3％、地方消費税1.7％）、さらに平成27年10月 1 日以降は10％（消費税7.8％、地方消費税2.2％）に 2 段階で引き上げられることがいったん決定された。平成26年 4 月 1 日からの 8 ％への引上げは予定どおり実施されたが、平成27年10月 1 日からの10％への引き上げについては、関連する税制上の措置等についての所要の見直しのための「消費税率引上げ時期の変更に伴う税制上の措置」が、平成28年秋の臨時国会において成立され（平成28年11月18日付成立）、令和元年10月 1 日から実施された。

2. 事業者免税点制度

　事業者免税点制度は、小規模事業者の事務負担や税務執行コストへの配慮から、一定の規模以下の事業者について消費税の納税を免除する特例措置である。

事業者免税点制度の概要

○ 前々年（個人）又は前々事業年度（法人）の課税売上高が 1,000 万円以下の事業者については、その課税期間について、消費税を納める義務が免除されている。

○ 基準期間（前々事業年度）のない新設法人の設立 1 期目及び 2 期目の扱いは原則として資本金の額で判定。

　　※資本金 1,000 万円未満の新設法人は、設立当初の 2 年間、免税事業者となる。資本金 1,000 万円以上の新設法人は、設立当初の 2 年間、事業者免税点制度が適用されないため課税事業者となる。

制度の趣旨

小規模な事業者の事務負担や税務執行コストへの配慮から設けられている特例措置

これまでの制度の見直し

【平成 9 年税率引上げ時】
　　資本金 1,000 万円以上の新設法人は不適用（設立後 2 年間に限る）
【平成 15 年度改正】
　　適用上限を課税売上高 3,000 万円から 1,000 万円へ引き下げ
【平成 23 年度改正】
　　前年又は前事業年度上半期の課税売上高が 1,000 万円を超える事業者は不適用
　　※1　課税売上高に代えて支払給与の額で判定可
　　※2　平成 25 年 1 月 1 日以後に開始する年又は事業年度について適用
【社会保障・税一体改革】
　　資本金 1,000 万円未満の新設法人のうち, 課税売上高 5 億円超の事業者等がグループで 50％超出資して設立された法人は不適用（設立後 2 年間に限る）
　　※平成 26 年 4 月 1 日以後に設立される法人について適用

【事例】

○第 C 期 ― 免税（第 A 期の課税売上高が 1,000 万円以下）

出典：財務省「平成 28 年度税制改正大綱の概要　参考資料②-2」

　平成元年の消費税導入当初は、課税売上高3,000万円以下の事業者の納税義務を免除する事業者免税点制度が適用されていたが、平成15年度税制改正により、平成16年4月1日以後に開始する課税期間から、課税売上高

3,000万円から1,000万円に免税点を引き下げることとされた。この免税点の引下げは、消費税を納税していない事業者が、消費者から受け取る消費税相当額を自己の利益としている実態が、いわゆる益税問題として批判されたためである。

　また、平成9年4月1日以後の新設法人について、設立当初2年間は基準期間がないという理由から、事業者免税点制度を認める特例が創設された。ただし、本来は中小事業者の事務負担等に配慮して設けられている事業者免税点制度の趣旨に合わないという理由により、資本金1,000万円以上の新設法人について課税売上高の金額にかかわらず課税事業者とするものとされた。

　平成23年度税制改正により、前事業年度の上半期の課税売上高が1,000万円を超える事業者は事業者免税点制度を適用しないものとされ[1]、平成25年1月1日以後に開始する事業年度について適用されている。また、資本金1,000万円未満の新設法人のうち、課税売上高5億円超の事業者等がグループで50％超出資して設立された法人について設立後2年間に限り事業者免税点制度は不適用とされ、平成26年4月1日以後に設立される法人について適用されている。

　なお、インボイス制度の下では、免税事業者からの仕入れについて、仕入税額控除ができないとされるが、令和5年10月1日以後の6年間については、一定の経過措置により、一部仕入税額控除ができるとされる。

3. 簡易課税制度

　簡易課税制度を選択することができる事業者の課税売上高の上限は、これまで順次引き下げられてきている。消費税導入当初は5億円であったが、平成3年度税制改正により4億円、平成9年度税制改正により2億円、平成15年度税制改正により5,000万円に順次引き下げられてきた。

1　課税売上高に代えて支払給与の額で判定することも認められている。

　簡易課税制度は、中小事業者の事務負担に配慮し、仕入税額控除の適用において簡易な方法を事業者の選択により認めるものである。課税売上げに対する消費税額にあらかじめ定められているみなし仕入率を乗じて仕入税額を算出する仕組みであり、実際の仕入額に基づいた正確な仕入控除税額の計算をするものではない。原則的な方法よりも税負担が少ない場合であっても選択できる取扱いであることから、事業者に益税が生じているという批判がみられたところである。そこで、記帳および請求書等の保存、申告事務に大きな負担が生じる中小零細事業者に範囲を限定する観点から、順次適用範囲を縮小してきた経緯がある。

　また、みなし仕入率についても順次改正が行われてきた。消費税導入当初は２区分（90％、80％）であったが、平成３年度税制改正により４区分

消費税の簡易課税制度の改正の推移

	創設時	平成３年度改正（平成３年10月から適用）	平成８年度改正（平成９年４月から適用）	平成15年度改正（平成16年４月から適用）	平成26年度改正（平成27年４月から適用）	平成30年度改正（令和元年10月から適用）
適用上限（課税売上高）	5億円	4億円	2億円	5,000万円	5,000万円	5,000万円
卸売業	90%（第一種）	90%（第一種）	90%（第一種）	90%（第一種）	90%（第一種）	90%（第一種）
小売業	80%（第二種）	80%（第二種）	80%（第二種）	80%（第二種）	80%（第二種）	80%（第二種）
農林水産業（食用）	80%（第二種）	70%（第三種）	70%（第三種）	70%（第三種）	70%（第三種）	80%（第二種）
農林水産業（非食用）	80%（第二種）	70%（第三種）	70%（第三種）	70%（第三種）	70%（第三種）	70%（第三種）
鉱業	80%（第二種）	70%（第三種）	70%（第三種）	70%（第三種）	70%（第三種）	70%（第三種）
建設業	80%（第二種）	70%（第三種）	70%（第三種）	70%（第三種）	70%（第三種）	70%（第三種）
製造業	80%（第二種）	70%（第三種）	70%（第三種）	70%（第三種）	70%（第三種）	70%（第三種）
料理飲食業等	60%（第四種）	60%（第四種）	60%（第四種）	60%（第四種）	60%（第四種）	60%（第四種）
金融業及び保険業	60%（第四種）	60%（第四種）	60%（第四種）	60%（第四種）	60%（第四種）	60%（第四種）
運輸・通信業	60%（第四種）	60%（第四種）	50%（第五種）	50%（第五種）	50%（第五種）	50%（第五種）
サービス業	60%（第四種）	60%（第四種）	50%（第五種）	50%（第五種）	50%（第五種）	50%（第五種）
不動産業	60%（第四種）	60%（第四種）	50%（第五種）	50%（第五種）	40%（第六種）	40%（第六種）

（出典：財務省「平成30年度税制改正関係資料」を一部加工）

（70％、60％の追加）、平成8年度税制改正により5区分（50％の追加）、平成26年度税制改正により6区分（40％の追加）とされた。また、平成30年度税制改正により、簡易課税における第二種事業に、従来からの小売業に加えて、農業（飲食料品の譲渡を行う部分に限る）、林業（飲食料品の譲渡を行う部分に限る）および漁業（飲食料品の譲渡を行う部分に限る）が追加された（消令57条5項2号）。令和元年10月1日の属する課税期間以後に行った飲食料品の譲渡について適用されている（平成30年改正令3条の附則11条の2、消令57条5項）。

　みなし仕入率は、あくまでも業種ごとに想定される仕入率でしかない。実際の仕入額に基づいて仕入税額控除を行う場合と比べて税負担が異なるのは当然である。消費税額を計算するにあたり、その取引の前段階の消費税額を控除することにより、最終消費者に転嫁・負担させるというのが消費税法の趣旨であることからすると、本来の趣旨にそぐわない面があることは否定できない。みなし仕入率による控除税額と実際の仕入額に基づく控除税額との間の誤差を縮小させるために、業種の区分に応じた細分化を図ってきたものと考えられる。

　なお、インボイス制度の下でも、簡易課税制度は存続することになる。中小事業者の事務負担に配慮する必要がある点は変わらないと考えられるからである。

4. 仕入税額控除の要件

　消費税導入時は、仕入税額控除を行うための要件として、帳簿書類の記載および保存が必要であるとしていた。平成9年度税制改正により、帳簿書類の記載および保存に加えて、請求書等の保存が要件に追加された。

　消費税導入時に帳簿書類の記載および保存のみを要件としたのは、消費税が導入されたばかりで事業者の事務負担に配慮したためである。しかし、仕入税額控除は、適正な計算に基づく必要があることはいうまでもないし、税務調査等で検証可能であることも制度の信頼性の担保の上で必要

である。そこで、消費税が制度として定着したことを踏まえ、平成9年度税制改正により、帳簿書類に加え請求書等の保存も要件に追加された。

　なお、インボイス制度の下においては、適格請求書等および帳簿の保存が、仕入税額控除を受けるための要件となる。ただし、請求書等の交付を受けることが困難な場合として9つの取引については、帳簿のみの保存により仕入税額控除ができるとされる。また、小売業、飲食店業、写真業、旅行業、タクシー業、駐車場業（不特定多数の者に自動車その他の車両の駐車のための場所を提供するものに限る）またはそれらに準ずる不特定多数の者に対して資産の譲渡等を行う事業に係る課税仕入れについては、適格簡易請求書および帳簿の保存により仕入税額控除ができるとされる。

5. 中間申告納付制度

　消費税導入時は、基準年（前年）の税額が60万円超の者について、確定申告のほかに中間申告納付を年1回行うものとされていた。平成3年度税制改正により基準年税額500万円超の者について中間申告納付を年3回とし、平成9年度税制改正により基準年税額48万円超400万円以下の者について年1回、400万円超の者について年3回と改められた。さらに、平成15年度税制改正により、基準年税額400万円超4,800万円以下の者について年3回、基準年税額4,800万円超の者について年11回の中間申告納付を義務づけるものとされた。

　中間申告納付は、消費税がその本来の目的どおりに消費者等に転嫁して収受されることを前提とすると、預り金としての性格を持つものである。収受した後にできるだけ速やかに納付すべきものと考えられることから、基準年税額の多い者ほど、申告納付の回数を増やしたものと考えられる。

6. 総額表示義務

　消費税が導入された当初は、商品価格の表示について消費税相当額を含めて表示するかどうかについて定める規定はなかった。要するに、外税で

表示するか内税で表示するかについては、どちらでもよいとされていた。

　平成15年度税制改正により、平成16年4月1日以降から、不特定かつ多数の者に対して、値札などによって、商品やサービスなどの価格をあらかじめ表示する場合は、消費税相当額（消費税額および地方消費税額の合計額）を含めた支払総額（税込価格）を表示しなければならないとされた。いわゆる「総額表示義務」が明文化された。

　総額表示義務の定めが置かれたのは、いくらの対価を支払えば商品の購入ができるのかが直接わかりにくいという点、外税表示と内税表示が混在すると、商品価格の比較がしにくいという点等の問題を解消するためである。この取扱いは、不特定かつ多数の者に対して資産の譲渡等を行う場合、すなわち消費者向け取引についてのみ適用され、事業者間取引についてまでは適用されない。

　消費税転嫁対策特別措置法は、総額表示が義務づけられる場合であっても、税率の引上げに際し、消費税の円滑かつ適正な転嫁のため必要があるときは、現に表示する価格が税込価格であると誤認されないための措置（誤認防止措置）を講じている場合に限り、平成25年10月1日から令和3年3月31日までの間、税込価格を表示しなくてよいとする（税抜価格による表示を認める）特例が設けられていた。令和3年4月1日からは文字どおり総額表示が義務づけられている。

7. 軽減税率制度の導入

　所得税は、所得金額に応じた累進税率が採用されていることからも明らかなように、担税力に応じた税負担を求める内容になっている。所得が多い者ほど、所得に占める税負担の割合が高くなる。

　一方、消費税は、すべての課税取引に対して一定の税率を適用する。これを「比例税率」という。所得の少ない者ほど、所得に占める消費の割合が高くなるため、所得に対する消費税の負担の割合も高くなる。これを「所得に対する逆進性」という。消費税の税率引上げが議論されるとき

は、この「所得に対する逆進性」が必ず問題となる。

　本来、「所得に対する逆進性」は、1つの税目だけを取り出して議論すべきものではなく、税制全体を通して議論する必要があると考えられる。この点について、消費税導入時の税制調査会「税制改革についての中間答申」（昭和63年4月）では、「消費課税のみを取り出して、『所得』を基準に負担の逆進性を論ずることは、必ずしも適当ではないと考えられる。本来、税制の所得再分配機能は、1つの税目のみを取り上げて議論すべきものではなく、税制全体をみて論じられるべき性質のものであり、また、社会保障制度等施策が国民生活の様々な分野で整備されてきている今日においては、所得再分配機能は財政全体で判断すべきものと思われる。」とされていた。

　また、税制調査会「わが国税制の現状と課題－21世紀に向けた国民の参加と選択－」（平成12年7月）によれば、逆進性を緩和するための軽減税率の導入について、「その時点における消費税率の水準の下で、個人所得課税なども含めた税制全体、ひいては社会保障制度などをはじめとする財政全体を通じて見てもなお、何らかの政策的配慮が必要かどうかという観点から検討し、その上で、政策的配慮の必要性と制度の中立性・簡素性との間の比較考量により判断すべき問題である。」とされていた。

　税率の水準がヨーロッパ諸国に比して低い状況下においては、消費税の逆進性の問題は税制全体や社会保障制度との関係でカバーされるという議論が成り立つが、税率がヨーロッパ諸国並みに引き上げられる状況になった場合には、この「所得に対する逆進性」の問題、すなわち最低生活の維持をも脅かされる低所得層に対する配慮はより重要な問題になる。

　この点について、税制調査会「あるべき税制の構築に向けた基本方針」（平成14年6月）では、「仮に、将来、消費税率の水準がヨーロッパ諸国並みである2桁税率となった場合には、所得に対する逆進性を緩和する観点から、食料品等に対する軽減税率の採用が検討課題となる。その場合においても、事業者の事務負担をはじめとする社会経済的コスト等に配慮する

観点から、その範囲は極力限定する必要がある。」とし、将来の税率の引上げがあった場合に軽減税率の採用が検討課題になるとしていた。

　また、税制調査会「少子・高齢社会における税制のあり方」（平成15年６月）では、「制度の簡素化、経済活動に対する中立性の確保の観点から極力単一税率が望ましい。」としながらも、「消費税率の水準が欧州諸国並みである２桁税率となった場合には、所得に対する逆進性を緩和する観点から、食料品等に対する軽減税率の採用の是非が検討課題となる。」としていた。

　税率が低い状況下においては単一税率が望ましいと考えられる一方において、税率が欧州諸国並みである２桁税率になったときは、消費税の逆進性が、低所得層から最低限の生活水準を維持するために必要な所得をも奪うという問題を無視することはできないため、所得に対する逆進性を緩和する施策が必要になるという認識は当時からあった。

　平成28年度税制改正において議論が進められ、日々の生活において幅広い消費者が消費・利活用しているものに係る消費税負担を軽減するとともに、買い物の都度、痛税感の緩和を実感できるとの利点があることから、消費税率が10％に引き上げられる段階で軽減税率制度を導入すると決定され、消費税率の引上げ時に合わせて、軽減税率制度が令和元年10月１日から実施されている。

　なお、対象品目については、「飲食料品等の消費実態や、低所得者対策としての有効性、事業者の事務負担等を総合的に勘案し、『酒類及び外食を除く飲食料品』及び定期購読契約が締結された週２回以上発行される『新聞』を対象とした。なお、『書籍・雑誌』については、その日常生活における意義、有害図書排除の仕組みの構築状況等を総合的に勘案しつつ、引き続き検討する。」としている。

Ⅱ　インボイス制度の導入

　令和5年10月1日から、適格請求書等保存方式（いわゆるインボイス制度）が導入される。課税事業者が発行するインボイスの交付を受け、そのインボイスと帳簿の保存が、仕入税額控除を受けるための要件となる。インボイスには、現行の区分記載請求書等の記載事項に加えて、請求書発行事業者の登録番号、適用税率および税率ごとに区分して合計した消費税額等の表示が求められる。

　消費税法の本来の趣旨は、売手における課税売上げに係る消費税額と対応する買手における課税仕入れに係る消費税額を一致させることにより、仕入税額控除という仕組みを通じて、事業者間取引における各事業者には実質的な負担を生じさせず、専ら最終消費者に負担させるというものである。インボイスが導入されることにより、売手が発行したインボイスに記載された消費税額に基づいて、対応する買手における仕入税額控除が行われることが担保され、消費税法の本来の趣旨が徹底されることになる。また、納税していない免税事業者や消費者からの仕入れについて、仕入税額控除が行われるという矛盾も解消されることになる。

　以上、消費税の導入から現在に至るまで、漸次改正が行われている。消費税の導入時には、その影響の大きさに鑑み、各種の激変緩和措置や中小事業者に対する配慮が随所にみられたが、消費税制度が定着するにつれ、納税者間の公平確保や制度の信頼性確保の要請とのバランスから改正が行われてきたものである。

第2章

軽減税率と非課税・免税との比較

消費税の制度には、従来から非課税制度および免税制度が置かれている。軽減税率制度との関係を整理する必要がある。

Ⅰ　非課税制度との関係

1. 非課税制度の存在意義と範囲

（1）非課税制度の存在意義

　消費税は、原則として、国内における財貨・サービスの販売・提供および輸入に対して課税される。事業者の売上げを課税対象にするが、製品・商品の価格に転嫁され、間接的には消費者に負担を求める仕組みになっている。事業者の売上げを課税対象にするという観点から、消費税法においては「資産の譲渡等」を課税対象とする。「資産の譲渡等」とは、事業として有償で行われる資産の譲渡、資産の貸付けおよび役務の提供をいう。

　資産の譲渡等の中には、①消費に対して負担を求める税の性格から課税することがなじまないもの、②社会政策的な配慮から課税すべきでないものが存在する。①の代表的なものとして土地や有価証券の譲渡等があり、これらは消費という概念になじまないものである。また、②の代表的なものとして社会保険医療、介護サービス・福祉事業、学校教育等があり、これらは社会政策的な配慮から課税しないとされているものである。

　ただし、国内における消費全般に広く課税するという考え方から、非課税とされるものは極めて限定的である。

（2）非課税の範囲

　消費税が非課税とされるものは、具体的には次のとおりである（消法6条1項、別表第一）。

非課税となるものの範囲

消費に対して負担を求める税の性格から課税することがなじまないもの	・土地および土地の上に存する権利の譲渡・貸付け（一時的に使用させる場合、土地の貸付けに係る期間が1ヵ月に満たない場合および駐車場その他の施設の利用に伴って土地が使用される場合を除く） ・有価証券（ゴルフ会員権、船荷証券等を除く）の譲渡、支払手段の譲渡 ・利子を対価とする金銭の貸付けその他の金融取引 ・郵便切手、印紙、証紙の譲渡、物品切手等の譲渡 ・商品券、プリペイドカード等の譲渡 ・行政サービス ・外国為替
社会政策的な配慮から、非課税とされるもの	・社会保険医療 ・介護保険サービス、社会福祉事業 ・助産 ・埋葬、火葬 ・身体障害者用物品の譲渡・貸付け・修理 ・学校教育 ・教科書用図書の譲渡 ・住宅の貸付け

2. 前段階で課された税の控除不可

（1）仕入税額控除の仕組み

　1つの商品が消費者に販売されるまで、流通過程で事業者間取引が行われるのが通常である。消費税は資産の譲渡等に対して課税されることから、商品が消費者に販売される前段階の流通段階の事業者間取引にも消費税の課税は行われるので、取引の都度課税が行われて、税が累積することになってしまう。この税の累積を排除するために、取引の前段階で課税された消費税を納税額の算出において控除する、前段階税額控除方式としていわゆる「仕入税額控除」の手続が採用されている。

上記の取引において、事業者Bは税込み550円で仕入れた商品を消費者に対して税込み880円で販売している。この取引にだけ焦点を当てると、事業者Bは、課税売上げに係る消費税額80円から課税仕入れに係る消費税額50円を控除した差額である30円を納付することになる。受け取った消費税額80円に対して支払った消費税額は50円であるから、その差額30円を納付するということは、事業者Bには実質的な負担はないことになる。最終消費者が80円を負担するということになる。

消費税は、資産の譲渡等に対して課税されるが、もともと消費に対して税負担を求めるという考え方に基づき、このような仕組みが採用されている。この仕組みは、前段階で課された税を売上げの価格に転嫁し、事業者に実質的な税負担が生じないようにするための仕組みであるという見方ができる。

（2）非課税取引の場合

①　仕入税額控除不可

非課税取引の場合、その資産の譲渡等には消費税が課されないが、その前段階で課された税についての仕入税額控除ができない。消費税法上、非課税売上げのための課税仕入れについて、仕入税額控除はできない仕組みになっている。

仕入税額控除の方法には、個別対応方式と一括比例配分方式の2つがあるが、いずれについても次のように非課税売上げに対応する課税仕入れに係る仕入税額控除はできない。

・個別対応方式の場合

> **控除対象仕入税額**
>
> $=$ 課税売上げのための課税
仕入れに係る消費税額 $+\left(\begin{array}{l}\text{共通対応に係る課税仕}\\\text{入れに係る消費税額}\end{array}\times\text{課税売上割合}\right)$

　個別対応方式の場合、その課税期間に行った課税仕入れのすべてについて、課税売上対応分、非課税売上対応分、共通対応分の３つに区分し、控除対象仕入税額はこのうちの課税売上対応分の税額と共通対応分の税額に課税売上割合を乗じた額の合計額となる。

　非課税売上対応分の税額は全額控除不可であり、共通対応分の税額については課税売上割合を乗じた額だけが控除対象になる。

・一括比例配分方式の場合

> **控除対象仕入税額** ＝ 課税仕入れに係る消費税額×課税売上割合

　一括比例配分方式の場合、控除対象仕入税額は課税仕入れに係る税額に課税売上割合を乗じた額である。非課税売上げに対応する部分の額については控除できない内容になっている。

　インボイス制度導入後においても、非課税売上げに対応する課税仕入れに係る仕入税額控除はできないという基本的な仕組みは変わらない。課税期間中の課税売上高５億円以下、かつ、課税売上割合が95％以上の課税期間については全額控除方式が認められるが、それ以外の課税期間については、個別対応方式または一括比例配分方式のいずれかの方法により、仕入控除税額を計算することになる。

②　「見えない税」の問題

　先に説明した「社会政策的な配慮から、非課税とされるもの」については、医療、福祉、教育など、最終消費者に提供される取引の段階の財貨・サービスの提供が中心である。医療、福祉、教育などの事業を行う事業者は、事業を行うためにさまざまな課税仕入れを行うが、それらの課税仕入れについては課税取引となるのが通常である。流通の最終段階の取引のみ

が非課税となるため、最終消費者に財貨・サービスを提供する事業者が実質負担する結果になってしまう。

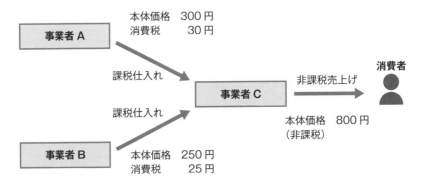

上記の事業者Cは、税込み605円（330円＋275円）で仕入れを行い、最終消費者に対して財貨・サービスを800円で提供する。最終消費者に対する財貨・サービスの提供が非課税であったとする。事業者Cにとっては、消費者から消費税を受け取れない一方、課税仕入れに係る消費税55円を仕入税額控除できないため、事実上この55円を負担することになる。

非課税取引では、前段階で課された税を控除できないため、事業者が実質税負担することになる。ただし、市場における取引優位にある事業者であれば、その負担分を価格に転嫁する可能性がある。要するに、控除できない税金相当額が「見えない税」として価格の中に転嫁される可能性をはらんでいる。その場合は、消費者が実質的に負担する結果になってしまう。非課税制度には、そのような問題が内在していると考えられる。この点は、前段階の取引に係る消費税額を仕入税額控除できる軽減税率制度や免税制度と大きく異なる点である。

「社会政策的な配慮から、非課税とされるもの」は、医療、福祉、教育など、最終消費者に提供されるサービスであり、税の累積が生じにくい分野に限定されている。このような最終消費者向けの財・サービスの提供に非課税制度がなじみやすいという点が税制調査会の過去の答申に示されている[1]。

1　税制調査会「わが国税制の現状と課題－21世紀に向けた国民の参加と選択－」平成12年7月14日。

3. 非課税制度に内在する問題

　飲食料品のように転々と事業者間で取引されるものを非課税にすると、例えばレストランなどが非課税の飲食料品を仕入れて課税扱いの外食サービスを提供する場合に、その飲食料品の製造・流通などの段階で生じた機械設備、燃料、輸送サービスなどの仕入れコスト（仕入税額控除できない消費税相当額を含む）の上に、外食サービスの提供の段階で重複して消費税が課税されるため、かえって外食サービスの価格が上昇しかねない。このように、転々流通するものを非課税にすることについては、税の累積が生じることを通じて経済活動に歪みをもたらすおそれがあるとの指摘が、税制調査会の先の答申に示されている。同答申では、消費一般に対して広く公平に負担を求めることができる消費税の特長を維持することが必要であり、非課税範囲の拡大を行うことは適当でないとしている。

4. 軽減税率と非課税の比較

　前項において、非課税制度においては、前段階税額控除ができないため、税の累積が生じる面があり、また、控除できない負担分が価格に転嫁される可能性がある点を説明した。この点、軽減税率の場合はどうであるかが論点になる。

　軽減税率の場合は、課税される一方において、前段階の税額控除ができる。事業者にとっての負担は生じないため、標準税率と軽減税率の差分が消費者の負担軽減に結びつきやすいといえる。軽減税率と非課税では、税負担の軽減という側面では一見類似性があるが、前段階の税額控除ができるかどうかという点で決定的な違いがある。その違いが価格の引下げ効果にも関係してくる。もっとも価格の引下げ効果については、標準税率と軽減税率の水準やその差分がどの程度かも影響してくるので単純ではない。

Ⅱ　免税との関係

1. 免税制度の存在意義と範囲

（1）免税制度の存在意義

　消費税法では、輸出取引および輸出類似取引（以下、「輸出取引等」）について、免税として取り扱われている。国内の消費を課税対象とするという考え方から、国外で消費される財貨の取引については免税とされているものである。この点、間接税は、「消費地課税主義」が採用されており、輸出物品には間接税の負担がかからないように、国境税調整[2]をするのが国際的慣行になっている。

　輸出取引等の売上げは、消費税の課税標準額には含まれないが、一方において輸出取引等のために行われた課税仕入れについては、課税売上げに係る課税仕入れと同様に取り扱われるため、その課税仕入れに係る消費税額は仕入税額控除の対象になる。課税売上げに係る消費税額よりも課税仕入れに係る消費税額が上回る場合は、その控除しきれない差額は還付される。最終取引である輸出の段階で免税になると、輸出の前段階で行われた

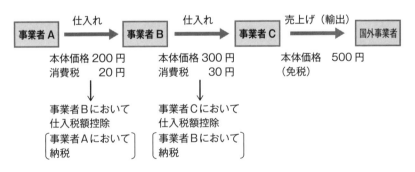

2　国境税調整とは、輸入取引については国内取引と同様の消費税負担を求めるとともに、輸出取引については国内において発生した消費税負担が完全に除去されることになる仕組みをいう。

事業者間取引を行った事業者には仕入税額控除を通じて支払った消費税が戻る実態になる。理論上は、輸出取引については、その輸出までの前段階のどの事業者にも消費税の負担は生じないことになる。

　前頁の図表では、事業者Ｃは売上げについて消費税の受取りはないが、支払った消費税については仕入税額控除（控除しきれない額は還付）の対象になるため、実質的な負担はない。

（2）輸出取引等の範囲

　国内において行う課税資産の譲渡等のうち、免税となる輸出取引等は、次のとおりである。

① 消費税法の規定により免税となるもの

- ・本邦からの輸出として行われる資産の譲渡または貸付け（消法7条1項1号）
- ・外国貨物の譲渡または貸付け（消法7条1項2号）
- ・国内外にわたって行われる旅客もしくは貨物の輸送、通信、郵便または信書便（国際輸送、国際通信、国際信書便）（消法7条1項3号、消令17条2項5号）
- ・外国船舶等[3]の譲渡または貸付けで船舶運航事業者等に対するものおよび外航船舶等の修理で船舶運航事業者等の求めに応じて行われるもの（消法7条1項4号、5号、消令17条1項、2項1号）
- ・外国船舶等の修理（消法7条1項4号、消令17条1項3号）
- ・専ら国内外にわたってまたは国外の貨物の輸送の用に供されるコンテナーの譲渡、貸付け、修理（消令17条2項2号）
- ・外国船舶等の水先、誘導その他入出港もしくは離着陸の補助または入出港、離着陸、停泊もしくは駐機のための施設の提供に係る役務の提供その他これらに類する役務の提供（その施設の貸付けを含む）で船舶運航事業者等に対して行われるもの（消令17条2項3号）
- ・外国貨物の荷役、運送、保管、検数、鑑定その他これらに類する外国貨

3　外国船舶等とは、専ら国内外にわたってまたは国外で行われる旅客または貨物の輸送の用に供される船舶または航空機で、日本国籍の船舶または航空機も含まれる。

　　物に係る役務の提供（消令17条2項4号）
・非居住者に対する無形固定資産等（消令6条1項4号から8号）の譲渡
　または貸付け（消令17条2項6号）
・上記以外のもので非居住者に対する役務の提供で次に掲げるもの以外の
　もの（消令17条2項7号）

　国内に所在する資産に係る運送または保管
　国内における飲食または宿泊
　上記に準ずるもので国内において直接便益を享受するもの

② **租税特別措置法の規定により免税となるもの**

・外航船等に積み込む物品の譲渡等（外航船等に専用品または機用品とし
　て積み込むため、所轄税関長の承認を受けた指定物品を譲渡する場合に
　は、その外航船等への積込みを輸出とみなして取り扱う）（措法85条）
・外国公館等に対する課税資産の譲渡等（措法86条）
・海軍販売所等に対する物品の譲渡等（措法86条の2）

③ **条約により免税となるもの**

・合衆国軍隊等に対する資産の譲渡等（所得臨特法7条）
・合衆国軍隊が保税地域から引き取る物品（関税臨特法7条）
・国連軍に対する資産の譲渡等（国連軍に係る所得臨特法3条、4条）
・日米防衛援助協定等に係る免税（日米防衛援助協定6条）
・外交官免税（ウィーン条約23条、24条）

2. 軽減税率と免税の比較

（1）軽減税率と免税の共通性

　輸出取引等は、消費地課税主義の考え方から、国外の消費に対して課税
しないとするものである。すでに説明したように、輸出取引等の売上げは
消費税の課税標準額には含まれない一方で、輸出取引等のために行われた
課税仕入れに係る消費税額は仕入税額控除の対象になる。免税と非課税の
決定的な違いは、この点にある。すなわち、免税は、財貨・サービスに対
して課税しないだけでなく、輸出取引等のために行われた課税仕入れに係

る消費税額を控除（または還付）することにより、事業者にとっての税負担はない。非課税制度において、非課税売上げのための課税仕入れに係る消費税額が控除できないのと大きく異なる点である。

　免税が事業者に税負担を生じさせないという点は、軽減税率と共通する特徴である。軽減税率も、その課税売上げのために行われた課税仕入れに係る消費税額は控除（または還付）されるため、事業者に税負担を生じさせない。免税は、軽減税率の税率を０％にしたのと実態は同じである。

（2）免税制度の問題点

　免税は軽減税率と実態的に同様であり、イギリスでは輸出取引以外にも食料品、子供服などにもゼロ税率が適用されている。しかし、免税制度には、次のような問題点があることが税制調査会の答申[4]により指摘されている。すなわち、①ゼロ税率の設定は消費税の負担をまったく負わない分野を作り出すことにほかならず、消費一般に広く公平に負担を求めるというこれまでの税制改革の流れに真っ向から反することになる、②課税ベースが大幅に侵食されることから、一定の税収を確保するためには、ゼロ税率による減収分だけ標準税率の引上げが必要になる、③恒常的に還付を受ける事業者が増え、事業者間の不公平感が生じかねないとともに、還付申告や事後調査に関連する事務負担やコストが発生する、以上の理由から、ゼロ税率の採用は認めがたいものと考えられるとしている。

　輸出取引などについてはゼロ税率が適用されているが、内国消費税としての性格上、国際的な慣行として行われていることであり、国境税調整によってカバーされている。飲食料品などについて政策的にゼロ税率を適用することは別の問題として取り扱わなければいけないと考えられる。

　外食を除く飲食料品について軽減税率を適用するものとされているが、免税を輸出取引等以外にまで拡大するべきではないという従来からの考え

4　税制調査会「わが国税制の現状と課題－21世紀に向けた国民の参加と選択－」平成12年7月14日。

方・方針に沿ったものといえる。

第3章

適格請求書等保存方式における登録制度

適格請求書（インボイス）は、登録を受けた課税事業者のみが発行できる。その登録制度について解説する。

1. 適格請求書発行事業者の登録制度

（1）登録の手続

　令和５年10月１日から、適格請求書等保存方式（いわゆるインボイス方式）が導入される。この制度においては、登録を受けた課税事業者が交付する適格請求書および帳簿の保存が、仕入税額控除の要件とされる[1]。

　課税事業者のみが登録を受けることができ、免税事業者は登録を受けることはできない。登録を受けた事業者のことを「適格請求書発行事業者」といい、所轄税務署長に申請書を提出し、適格請求書を交付することができる事業者として登録を受ける手続が必要である[2]。登録を受けようとする場合は、e-Tax または郵送で申請する（郵送の場合の送付先は、各国税局のインボイス登録センター）。e-Tax を利用して申請した場合、登録の通知は e-Tax を通じて行われる。郵送で申請した場合、登録の通知は紙媒体で送付される。

　課税事業者は、課税期間の途中であっても、登録申請書を提出し、登録を受けることができる。登録申請書を提出し登録を受けた場合、登録の効力は、登録日から生じる。

　登録申請書の提出を受けた税務署長は、登録拒否要件に該当しない場合には、適格請求書発行事業者登録簿に法定事項を登載して登録を行い、登録を受けた事業者に対して、その旨を書面で通知する。

　免税事業者が課税事業者となる場合に、免税事業者の特例を受けないこ

1　登録申請の受付は、適格請求書等保存方式の導入の２年前である令和３年10月１日から開始されている。令和５年10月１日に登録を受けようとする事業者は、令和５年３月31日までに、申請書を所轄税務署長に提出しなければならない（平成28年改正法附則44条１項）。申請が令和５年４月以降であっても、令和５年３月31日までの申請が「困難な事情」を記載することで、令和５年10月１日に登録したものとみなす措置が設けられていた。この点については、令和５年度税制改正により、申請書に「困難な事情」の記載を求めることはせず、４月以降の申請を可能とする措置が講じられる予定である。なお、令和５年10月１日よりも前に登録の通知を受けた場合であっても、登録日は令和５年10月１日とされる。
2　特定国外事業者（国内において行う資産の譲渡等に係る事務所、事業所その他これらに準ずるものを国内に有しない国外事業者をいう）が登録を受ける場合は、消費税に関する税務代理人があること等が登録できるための要件に加えられる（消法57条の２第５項２号イ）。

ととなる課税期間の初日からこの登録を受けようとするときは、政令で定める日（免税事業者の適用を受けないこととなる課税期間の初日の前日から起算して1ヵ月前の日→令和5年度改正により15日前の日とされる予定[3]）までに当該申請書を所轄税務署長に提出しなければならない（消法57条の2第1項、2項、3項、消令70条の2）。

登録は、適格請求書発行事業者登録簿に氏名または名称、登録番号、法人（人格のない社団等を除く）の場合は本店または主たる事務所の所在地を登載して行う。当該適格請求書発行事業者登録簿に登載された事項（氏名または名称および登録番号、登録年月日、法人の場合は、本店または主たる事務所の所在地）については速やかに公表しなければならないとされているが（同条4項）、適格請求書発行事業者の情報については国税庁のホームページ上の「適格請求書発行事業者公表サイト」を通じて公表される[4]。

また、適格請求書発行事業者登録簿に登載された事項に変更が生じたときは、変更届出書を速やかに提出しなければならない（同条8項）。

なお、電気通信利用役務の提供に係る登録国外事業者については、令和5年10月1日に適格請求書発行事業者の登録を受けたものとみなされる。

（2）登録の効力

登録の効力は、通知の日にかかわらず、適格請求書発行事業者登録簿に登載された日（登録日）に発生する。このため、登録日以降の取引については、相手方（課税事業者に限る）の求めに応じ、適格請求書の交付義務が生じる（「消費税の仕入税額控除制度における適格請求書等保存方式に関する取扱通達」（以下、「インボイス通達」）2－4）。

---

3 この場合において、当該課税期間の初日後に登録がされたときは、当該初日に登録を受けたものとみなすとされる。

4 登録番号を基に検索し、閲覧することができる。法人の場合の登録番号はT＋法人番号となるため、T＋法人番号を入力して検索すれば、その事業者が登録を受けているかどうかを確認することができる。

　登録日から登録の通知を受けるまでの間の取引について、相手方に交付した請求書に登録番号、適用税率および税率ごとに区分して合計した消費税額等の記載がなく適格請求書の記載事項を満たしていない場合、通知を受けた後、登録番号、適用税率および税率ごとに区分して合計した消費税額等が記載された適格請求書の要件を満たした請求書を改めて相手方に交付する必要がある。

　ただし、通知を受けた後に登録番号などの適格請求書の記載事項として不足する事項を相手方に書面等で通知することで、すでに交付した請求書と合わせて適格請求書の記載事項を満たすことができる（インボイス通達 2 - 4)[5]

2. 免税事業者が登録を受けるための手続

（1）免税事業者の課税期間の中途における適格請求書発行事業者への登録

　免税事業者が登録を受けるためには、原則として、消費税課税事業者選択届出書を提出し、課税事業者となる必要があるが、登録日が令和5年10月1日から令和11年9月30日までの日の属する課税期間中である場合は、消費税課税事業者選択届出書を提出しなくても、登録を受けることができ

5　すでに交付した書類との相互の関連が明確であり、書面等の交付を受ける事業者が適格請求書の記載事項を適正に認識できるものに限る。例えば、不足事項を記載した書類に請求書番号が記載されているなど、書類相互の関連を確認できるようにしておくことが考えられる。

る。この期間に限り消費税課税事業者選択届出書を提出しなくてもよいのは、免税事業者が令和5年10月1日から令和11年9月30日までの日の属する課税期間中に登録を受けることとなった場合には、登録を受けた日から課税事業者となる旨の経過措置が設けられているからである（平成28年改正法附則44条4項、インボイス通達5－1）。

　また、この経過措置の適用を受ける事業者が、登録日の属する課税期間中にその課税期間から簡易課税制度の適用を受ける旨を記載した「消費税簡易課税制度選択届出書」を、納税地を所轄する税務署長に提出した場合には、その課税期間の初日の前日に消費税簡易課税制度選択届出書を提出したものとみなされる（平成28年改正令附則18条）。

　なお、経過措置の適用を受けて適格請求書発行事業者の登録を受けた場合、基準期間の課税売上高にかかわらず、登録日から課税期間の末日までの期間について、消費税の申告が必要となる。

　この経過措置の適用を受けない課税期間に登録を受ける場合は、原則どおり、消費税課税事業者選択届出書を提出し、課税事業者となる必要があることはいうまでもない。なお、免税事業者が課税事業者となることを選択した課税期間の初日から登録を受けようとする場合は、その課税期間の初日の前日から起算して1ヵ月前の日（令和5年度税制改正により15日前の日とされる予定）までに、登録申請書を所轄税務署長に提出しなければならない（消法57条の2第2項、消令70条の2）。

　同様に、登録の取消しを求める届出書を提出し、その提出があった課税期間の翌課税期間の初日から登録を取り消そうとする場合には、その提出があった課税期間の末日から起算して30日前の日の前日（令和5年度税制改正により、その翌課税期間の初日から起算して15日前の日とされる予定）までに届出書を提出しなければならない。

　なお、軽減税率対象品目の販売を行っていない免税事業者であっても、登録を受けなければ、適格請求書を相手方に交付することができない点に留意する必要がある。一方、消費者や免税事業者など、課税事業者以外の

者に対する交付義務はないので、例えば顧客が消費者のみである場合には、必ずしも適格請求書を交付する必要はない。このような点も踏まえ、登録の必要性を検討することになる。

　次の表のとおり、免税事業者が課税期間の中途から登録を受けることができる経過措置の適用期間が、令和４年度税制改正により拡充された。

課税期間の中途における登録

令和４年度改正前			令和４年度改正後		
課税事業者		可	課税事業者		可
免税事業者	原則	不可^(注)	免税事業者	原則	不可^(注)
	経過措置	令和５年10月１日の属する課税期間の中途は例外的に可		経過措置	令和５年10月１日から令和11年９月30日までの日の属する課税期間の中途は例外的に可

（注）原則は、消費税課税事業者選択届出書を提出し、翌課税期間の初日に登録（課税事業者となる課税期間の初日の前日から起算して１ヵ月前の日（令和５年度税制改正により、課税期間の初日から起算して15日前の日とされる予定）までに登録申請書の提出が必要）

（２）事業者免税点制度の不適用

　上記(1)の取扱いの適用を受けて登録日から課税事業者となる適格請求書発行事業者（その登録日が令和５年10月１日の属する課税期間中である者を除く）については、その登録日の属する課税期間の翌課税期間から、その登録日以後２年を経過する日の属する課税期間までの各課税期間については、事業者免税点制度を適用しないものとする。

　「その登録日が令和５年10月１日の属する課税期間中である者を除く」とされているように、その登録日が令和５年10月１日の属する課税期間中である者については、２年間の縛りは課されない。

　例えば、免税事業者（12月決算法人）が、令和６年３月25日に適格請求書発行事業者の登録を受けたものと仮定する。仮に令和７年１月１日に適格請求書発行事業者の登録の取り止めをした場合であっても、令和７年１

月1日から令和7年12月31日までの課税期間および令和8年1月1日から令和8年12月31日までの課税期間は、適格請求書発行事業者でない課税事業者となり、免税事業者の取扱いの適用はないことになる。

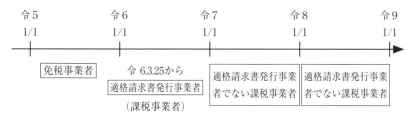

12月決算法人にとって、令和6年3月25日は、令和5年10月1日の属する課税期間中ではないからである。

（3）免税事業者の登録に係る令和5年度税制改正の内容

令和5年度税制改正により、適格請求書発行事業者の登録に関する経過措置の適用により、令和5年10月1日後に適格請求書発行事業者の登録を受けようとする免税事業者は、その登録申請書に、提出する日から15日を経過する日以後の日を登録希望日として記載するものとされ、この場合、当該登録希望日後に登録がされた場合であっても、当該登録希望日に登録を受けたものとみなすとされる予定である。あらかじめ登録日を予想することができることになるため、いつの取引から適格請求書等を交付すればよいのかがわかる取扱いになる。

3. 新設法人の登録時期の特例

新たに設立された法人が免税事業者の場合、事業を開始した日の属する課税期間の末日までに、消費税課税事業者選択届出書を提出すれば、その事業を開始した日の属する課税期間の初日から課税事業者となることができる（消法9条4項、消令20条1号）。

また、新たに設立された法人が、事業を開始した日の属する課税期間の初日から登録を受けようとする旨を記載した登録申請書を、事業を開始し

た日の属する課税期間の末日までに提出した場合において、適格請求書発行事業者登録簿への登載が行われたときは、その課税期間の初日に登録を受けたものとみなされる（消令70条の４、消規26条の４、インボイス通達２－２）。したがって、新たに設立された法人が免税事業者である場合、事業開始（設立）時から、適格請求書発行事業者の登録を受けるためには、設立後、その課税期間の末日までに、消費税課税事業者選択届出書と登録申請書を併せて提出することが必要である。

　また、新たに設立された法人が課税事業者の場合については、事業を開始した課税期間の末日までに、事業を開始した日の属する課税期間の初日から登録を受けようとする旨を記載した登録申請書を提出することで、新設法人の登録時期の特例の適用を受けることができる。

設立時から適格請求書発行事業者となるための手続

新たに設立された法人が免税事業者の場合	設立後、その課税期間の末日までに、消費税課税事業者選択届出書と登録申請書を併せて提出する。
新たに設立された法人が課税事業者の場合	設立後、その課税期間の末日までに、登録申請書を提出する。

4. 登録申請書の記載事項

　登録申請書の記載事項は、次のとおりである（消規26条の２第１項）。

登録申請書の記載事項

① 申請者の氏名または名称（代表者の氏名を含む）、納税地（納税地と住所もしくは居所または本店もしくは主たる事務所の所在が異なる場合は、納税地および住所等）および法人番号

② 特定国外事業者である場合は、その旨ならびに税務代理人の氏名または名称ならびに事務所の名称および所在地

③ 特定国外事業者以外の国外事業者である場合は、国内において行う資産の譲渡等に係る事務所、事業所その他これらに準ずるものの所在地

④　その他参考となるべき事項

　登録開始日が令和5年10月1日の属する課税期間中である事業者が、登録申請書を提出する場合は、上記の事項に加えて、個人番号、申請者の行う事業の内容および申請者が法人であるときは事業年度の開始および終了の日を併せて記載しなければならない（平成28年改正消規附則4条）。

　登録申請書は、申請書の提出の日によって様式が分かれているが、令和3年10月1日から令和5年9月30日までの間に提出する場合の様式は、次のとおりである。

第1-(1)号様式

国内事業者用

適格請求書発行事業者の登録申請書

【1／2】

収受印				
令和　年　月　日	申 請 者	（フリガナ）		
		住 所 又 は 居 所 （法人の場合） 本 店 又 は 主 た る 事 務 所 の 所 在 地	（〒　　－　　　） （法人の場合のみ公表されます） （電話番号　　　－　　　－　　　）	
		（フリガナ）		
		納　税　地	（〒　　－　　　） （電話番号　　　－　　　－　　　）	
		（フリガナ）		
		氏 名 又 は 名 称		
		（フリガナ）		
		（法人の場合） 代 表 者 氏 名		
＿＿＿＿税務署長殿		法 人 番 号		

この申請書は、令和三年十月一日から令和五年九月三十日までの間に提出する場合に使用します。

　この申請書に記載した次の事項（ ◉印欄 ）は、適格請求書発行事業者登録簿に登載されるとともに、国税庁ホームページで公表されます。
1　申請者の氏名又は名称
2　法人（人格のない社団等を除く。）にあっては、本店又は主たる事務所の所在地
　なお、上記1及び2のほか、登録番号及び登録年月日が公表されます。
　また、常用漢字等を使用して公表しますので、申請書に記載した文字と公表される文字とが異なる場合があります。

　下記のとおり、適格請求書発行事業者としての登録を受けたいので、所得税法等の一部を改正する法律（平成28年法律第15号）第5条の規定による改正後の消費税法第57条の2第2項の規定により申請します。
　※　当該申請書は、所得税法等の一部を改正する法律（平成28年法律第15号）附則第44条第1項の規定により令和5年9月30日以前に提出するものです。

　令和5年3月31日（特定期間の判定により課税事業者となる場合は令和5年6月30日）までにこの申請書を提出した場合は、原則として令和5年10月1日に登録されます。

事 業 者 区 分	この申請書を提出する時点において、該当する事業者の区分に応じ、□にレ印を付してください。 　　　　　□ 課税事業者　　　　　　　　□ 免税事業者 ※　次葉「登録要件の確認」欄を記載してください。また、免税事業者に該当する場合には、次葉「免税事業者の確認」欄も記載してください（詳しくは記載要領等をご確認ください。）。
令和5年3月31日（特定期間の判定により課税事業者となる場合は令和5年6月30日）までにこの申請書を提出することができなかったことにつき困難な事情がある場合は、その困難な事情	
税 理 士 署 名	（電話番号　　　－　　　－　　　）

※ 税 務 署 処 理 欄	整理 番号		部門 番号		申請年月日	年　月　日	通 信 日 付 印 年　月　日	確 認
	入 力 処 理	年　月　日	番号 確認		身元 確認	□ 済 □ 未済	確認 書類	個人番号カード／通知カード・運転免許証 その他（　　　　　　　）
	登 録 番 号	T						

注意　1　記載要領等に留意の上、記載してください。
　　　2　税務署処理欄は、記載しないでください。
　　　3　この申請書を提出するときは、「適格請求書発行事業者の登録申請書（次葉）」を併せて提出してください。

第1−(1)号様式次葉

国内事業者用

適格請求書発行事業者の登録申請書（次葉）

【2／2】

氏 名 又 は 名 称	

この申請書は、令和三年十月一日から令和五年九月三十日までの間に提出する場合に使用します。

	該当する事業者の区分に応じ、□にレ印を付し記載してください。						
免税事業者の確認	□　令和5年10月1日から令和11年9月30日までの日の属する課税期間中に登録を受け、所得税法等の一部を改正する法律（平成28年法律第15号）附則第44条第4項の規定の適用を受けようとする事業者 ※　登録開始日から納税義務の免除の規定の適用を受けないこととなります。						
	個　人　番　号						
	事業内容等	生 年 月 日（個人）又は設立年月日（法人）	1 明治・2 大正・3 昭和・4 平成・5 令和 　　　年　　　月　　　日	法人のみ記載	事 業 年 度	自　　　月　　　日 至　　　月　　　日	
					資 本 金	円	
		事 業 内 容			登 録 希 望 日	（令和5年10月1日を希望する場合、記載不要） 令和　　年　　月　　日	
	□　消費税課税事業者（選択）届出書を提出し、納税義務の免除の規定の適用を受けないこととなる課税期間の初日から登録を受けようとする事業者				課 税 期 間 の 初 日 ※　令和5年10月1日から令和6年3月31日までのいずれかの日 令和　　年　　月　　日		

登録要件の確認	課税事業者です。 ※　この申請書を提出する時点において、免税事業者であっても、「免税事業者の確認」欄のいずれかの事業者に該当する場合は、「はい」を選択してください。	□　はい　□　いいえ	
	納税管理人を定める必要のない事業者です。 （「いいえ」の場合は、次の質問にも答えてください。）	□　はい　□　いいえ	
	納税管理人を定めなければならない場合（国税通則法第117条第1項） 【個人事業者】　国内に住所及び居所（事務所及び事業所を除く。）を有せず、又は有しないこととなる場合 【法人】　国内に本店又は主たる事務所を有しない法人で、国内にその事務所及び事業所を有せず、又は有しないこととなる場合		
	納税管理人の届出をしています。 「はい」の場合は、消費税納税管理人届出書の提出日を記載してください。 消費税納税管理人届出書　（提出日：令和　　年　　月　　日）	□　はい　□　いいえ	
	消費税法に違反して罰金以上の刑に処せられたことはありません。 （「いいえ」の場合は、次の質問にも答えてください。）	□　はい　□　いいえ	
	その執行を終わり、又は執行を受けることがなくなった日から2年を経過しています。	□　はい　□　いいえ	

参考事項	

　また、国税庁から公表されている登録申請書の記載例（提出日が令和３年10月１日から令和５年９月30日までの場合）は、次のとおりである。

「適格請求書発行事業者の登録申請書」(次葉)の記載例
【 法 人 用 】

初葉の「事業者区分」欄で「**免税事業者**」を選択した方は、一定の条件を満たす場合以外は、課税期間の初日から登録を受ける場合であっても、**上段にチェックをいれてください。**

こちらに☑を記載してください。

ただし、一定の条件（**下記①から③の全て**）を満たす場合のみ、下の□に☑を記載してください。

※ 個人番号の記載は不要です。

〔一定の条件〕
下記①から③の全てを満たす場合のみ、☑を記載してください。
① 提出時点で免税事業者の方が、
② 翌課税期間から免税事業者となり、
（「消費税課税事業者選択届出書」を提出して課税事業者になる場合を含みます。）
③ 課税事業者となる「課税期間の初日」が、
・令和5年9月30日以前の場合で、令和5年10月1日から登録を受ける場合
又は
・令和5年10月1日以降の場合で「課税期間の初日」から登録を受ける場合

記載不要

令和5年10月1日を希望する場合は、記載不要です。
令和5年10月2日以降の課税期間初日から登録を受ける場合もこちらに記載してください。

提出時点は免税事業者でも令和5年9月30日以前に課税事業者となる場合は、令和5年9月30日以前の日を記載して構いません。
ただし、登録年月日は、「令和5年10月1日」となります。

消費税課税事業者（選択）届出書を提出し、納税義務の免除の規定の適用を受けないこととなる課税期間の初日から登録を受けようとする事業者

課税事業者です。
※ この申請書を提出する時点において、免税事業者であっても、「免税事業者の確認」欄のいずれかの事業者に該当する場合は、「はい」を選択してください。　□ はい □ いいえ

免税事業者の方も適格請求書発行事業者の登録を受ける場合に「はい」に☑を記載してください。

納税管理人を定める必要のない事業者です。
（「いいえ」の場合は、次の質問にも答えてください。）　□ はい □ いいえ

国内に本店又は主たる事務所を有している法人は、納税管理人を定める必要がないため、「はい」に☑を記載してください。

納税管理人を定めなければならない場合（国税通則法第117条第1項）
【個人事業者】国内に住所及び居所（事務所及び事業所を除く。）を有せず、又は有しないこととなる場合
【法人】国内に本店又は主たる事務所を有しない法人で、国内にその事務所及び事業所を有せず、又は有しないこととなる場合

納税管理人の届出をしています。
「はい」の場合は、消費税納税管理人届出書の提出日を記載してください。　□ はい □ いいえ
消費税納税管理人届出書 （提出日：令和　　年　　月　　日）

消費税法に違反して罰金以上の刑に処せられたことはありません。
（「いいえ」の場合は、次の質問にも答えてください。）　□ はい □ いいえ

罰金以上の刑に処せられたことがない場合は、「はい」に☑を記載してください。
(注) 「加算税」や「延滞税」は罰金ではありません。

その執行を終わり、又は執行を受けることがなくなった日から2年を経過しています。　□ はい □ いいえ

「いいえ」の場合は、下欄の執行状況（※）について記載してください。
※ 下欄の確認事項が「いいえ」の場合、申請が拒否されることがあります。

全ての事業者の方が記載する必要があります。

**　免税事業者の方は、適格請求書発行事業者となった場合、登録がされた日以降の取引について消費税の申告が必要となります。**

※ 申請書の提出時点では免税事業者の方が、令和5年9月30日までに課税事業者となる場合は、登録がされた日以降ではなく、課税事業者となった日以降の取引について消費税の申告が必要となります。
　申請書の提出時点で**課税事業者**の方が、令和5年9月30日までに**免税事業者**となった場合でも、適格請求書発行事業者として登録された日以降は、再び課税事業者となり、登録がされた日以降の取引について消費税の申告が必要となります。

　また、適格請求書発行事業者登録簿に登載された事項に変更があったときは、適格請求書発行事業者は、速やかに、その旨を記載した届出書を、所轄税務署長に提出しなければならない（消法57条の２第８項）。その場合の届出書への記載事項は、届出者の氏名または名称、納税地、登録番号および法人番号、変更の内容、その他参考となるべき事項である（消規26条の２第２項）。

第2-(1)号様式

適格請求書発行事業者登録簿の登載事項変更届出書

令和　年　月　日	届出者	（ フ リ ガ ナ ）		
		納　税　地	（〒　　　－　　　） （電話番号　　　－　　　－　　　）	
		（ フ リ ガ ナ ）		
		氏　名　又　は 名　称　及　び 代　表　者　氏　名		
_____税務署長殿		法　人　番　号	※　個人の方は個人番号の記載は不要です。	
		登　録　番　号	T	

　下記のとおり、適格請求書発行事業者登録簿に登載された事項に変更があったので、所得税法等の一部を改正する法律（平成28年法律第15号）第5条の規定による改正後の消費税法第57条の2第8項の規定により届出します。
　※　当該申請書は、所得税法等の一部を改正する法律（平成28年法律第15号）附則第44条第2項の規定により令和5年9月30日以前に提出するものです。

変更の内容	変　更　年　月　日	令和　　　年　　　月　　　日	
	変　更　事　項	☐　氏名又は名称 ☐　法人（人格のない社団等を除く。）にあっては、本店又は主たる事務所の所在地 ☐　国外事業者にあっては、国内において行う資産の譲渡等に係る事務所、事業所その他これらに準ずるものの所在地 　※　当該事務所等を国内に有しないこととなる場合は、次葉も提出してください。	
	変　更　前	（フリガナ）	
	変　更　後	（フリガナ）	
	※　変更後の内容については、国税庁ホームページで公表されます。 　なお、常用漢字等を使用して公表しますので、届出書に記載した文字と公表される文字とが異なる場合があります。		

参　考　事　項	
税　理　士　署　名	（電話番号　　　－　　　－　　　）

※税務署処理欄	整　理　番　号		部　門　番　号				
	届出年月日	年　　月　　日	入力処理	年　　月　　日	番　号　確　認		

注意　1　記載要領等に留意の上、記載してください。
　　　2　税務署処理欄は、記載しないでください。

インボイス制度

第2－(1)号様式次葉

適格請求書発行事業者登録簿の登載事項変更届出書（次葉）

※　本届出書（次葉）は、特定国外事業者以外の国外事業者が国内において行う資産の譲渡等に係る事務所、事業所その他これらに準ずるものを国内に有しないこととなった場合に、適格請求書発行事業者登録簿の登載事項変更届出書とともに提出してください。

			氏名又は名称		
引き続き、適格請求書発行事業者として事業を継続します。 （「はい」の場合は、以下の質問にも答えて下さい。）					□ はい　□ いいえ
特定国外事業者に係る確認事項	税務代理人	消費税に関する税務代理の権限を有する税務代理人がいます。 （「はい」の場合は、次の「税務代理人」欄を記載してください。）			□ はい　□ いいえ
		（フリガナ）			
		事務所の所在地	（〒　　－　　　） （電話番号　　　－　　　－　　　）		
		（フリガナ）			
		氏名等			
		納税管理人を定めています。 ［「はい」の場合は、消費税納税管理人届出書の提出日を記載してください。 　消費税納税管理人届出書　（提出日：平成　　　年　　月　　日）］			□ はい　□ いいえ
		現在、国税の滞納はありません。			□ はい　□ いいえ
参考事項					

この届出書は、令和三年十月一日から令和五年九月三十日までの間に提出する場合に使用します。

5. 適格請求書発行事業者が免税事業者となる場合

　適格請求書発行事業者には、事業者免税点制度は適用されないため、基準期間における課税売上高が1,000万円以下になっても、免税事業者となることはできない。ただし、適格請求書発行事業者の登録については、事業者の届出により取り消すことができるため、その場合は取り消すことにより免税事業者となることは可能である。

　「適格請求書発行事業者の登録の取消しを求める旨の届出書」を所轄税務署長に提出した場合、その提出があった日の属する課税期間の翌課税期間の初日に、その登録は効力を失う（消法57条の2第10項1号）。

　令和5年度税制改正により、登録の取消しを求める届出書を提出し、その提出があった課税期間の翌課税期間の初日から登録を取り消そうとする場合には、当該翌課税期間の初日から起算して15日前の日（改正前：その提出があった課税期間の末日から起算して30日前の日の前日）までに届出書を提出しなければならないとされる予定である。改正後は、14日前の日から当該課税期間の末日までに提出された場合は、その提出があった日の属する課税期間の翌々課税期間の初日に登録の効力を失うことになる。

第３号様式

適格請求書発行事業者の登録の取消しを求める旨の届出書

収受印		（ フリガナ ）	
令和　年　月　日	届		（〒　　　－　　　　）
		納　税　地	
			（電話番号　　　－　　　－　　　　）
	出	（ フリガナ ）	
		氏　名　又　は 名　称　及　び 代　表　者　氏　名	
	者	法　人　番　号	※　個人の方は個人番号の記載は不要です。
＿＿＿＿＿　税務署長殿		登　録　番　号 T	

　下記のとおり、適格請求書発行事業者の登録の取消しを求めますので、消費税法第57条の２第10項第１号の規定により届出します。

登録の効力を失う日	令和　　　年　　　月　　　日
	※　登録の効力を失う日は、届出書を提出した日の属する課税期間の翌課税期間の初日となります。 ただし、この届出書を提出した日の属する課税期間の末日から起算して30日前の日から当該課税期間の末日までの間に提出した場合は、翌々課税期間の初日となります。 登録の効力を失った旨及びその年月日は、国税庁ホームページで公表されます。
適格請求書発行事業者 の 登 録 を 受 け た 日	令和　　　年　　　月　　　日
参　　考　　事　　項	
税　理　士　署　名	（電話番号　　　－　　　－　　　　）

※税務署処理欄	整 理 番 号		部 門 番 号		通 信 日 付 印 年　　月　　日	確認	
	届出年月日	年　月　日	入 力 処 理	年　月　日	番 号 確 認		

注意　1　記載要領等に留意の上、記載してください。
　　　2　税務署処理欄は、記載しないでください。

　なお、登録が取り消された場合も、インターネットを通じて、国税庁の
ホームページにおいてその年月日が公表される。

　基準期間の課税売上高が1,000万円以下となり、免税事業者となること
を適格請求書発行事業者の登録の取消しにより選択する場合は、届出書の
提出のタイミングに留意する必要がある。

　また、逆に免税事業者が適格請求書発行事業者の登録を受けた場合は、
登録日以後の期間について、納税義務が免除されない取扱いになる。

6. 事業の廃止や合併による消滅があった場合の手続

　消費税法上、事業者が事業を廃止した場合は「事業廃止届出書」を、合
併による消滅の事実があった場合は「合併による法人の消滅届出書」を、
納税地を所轄する税務署長に提出する義務がある（消法57条1項3号、5
号）。

　なお、「事業廃止届出書」を提出した場合は、事業を廃止した日の翌日
に、「合併による法人の消滅届出書」を提出した場合は、法人が合併によ
り消滅した日に適格請求書発行事業者の登録の効力が失われる（消法57条
の2第10項、インボイス通達2-7、2-8）。

　ただし、これらの届出書を提出していない場合であっても、税務署長
は、事業を廃止したと認められる場合、合併により消滅したと認められる
場合に適格請求書発行事業者の登録を取り消すことができる（消法57条の
2第6項）。

7. 登録を拒否される場合

　税務署長は、申請書の提出を受けた場合には、遅滞なく、これを審査
し、次に説明する登録を拒否する場合を除き、登録しなければならない
（消法57条の2第3項）。

　登録を拒否することができるのは、次のそれぞれに掲げる事実に該当す
ると認められる場合である（同条5項）。

適格請求書発行事業者の登録を拒否できる事実

事業者の区分	登録を拒否することができる事実
事業者が特定国外事業者(国内において行う資産の譲渡等に係る事務所、事業所その他これらに準ずるものを国内に有しない国外事業者をいう)以外の事業者である場合	当該事業者が、消費税法の規定に違反して罰金以上の刑に処せられ、その執行を終わり、または執行を受けることができなくなった日から２年を経過しない者であること
事業者が特定国外事業者である場合	下記に掲げるいずれかの事実 イ　消費税に関する税務代理の権限を有する国税通則法74条の９第３項２号に規定する税務代理人がないこと ロ　当該事業者が、国税通則法117条１項の規定[6]による納税管理人を定めていないこと ハ　現に国税の滞納があり、かつ、その滞納額の徴収が著しく困難であること ニ　当該事業者が、消費税法57条の２第６項２号ホまたはヘに掲げる事実のいずれかに該当したことにより登録を取り消され、その取消しの日から１年を経過しない者であること ホ　当該事業者が、消費税法の規定に違反して罰金以上の刑に処せられ、その執行を終わり、または執行を受けることがなくなった日から２年を経過しない者であること

8. 登録の取消し事由

　税務署長は、適格請求書発行事業者が次に掲げる事実に該当すると認め

6　個人である納税者がこの法律の施行地に住所および居所（事務所および事業所を除く）を有せず、もしくは有しないこととなる場合またはこの法律の施行地に本店もしくは主たる事務所を有しない法人である納税者がこの法律の施行地にその事務所および事業所を有せず、もしくは有しないこととなる場合において、納税申告書の提出その他国税に関する事項を処理する必要があるときは、その者は、当該事項を処理させるため、この法律の施行地に住所または居所を有する者で当該事項の処理につき便宜を有するもののうちから納税管理人を定めなければならない（国税通則法117条１項）。

るときは、当該適格請求書発行事業者の登録を取り消すことができる（消法57条の2第6項）。

　なお、適格請求書発行事業者が事業を廃止した場合は、廃止した日の翌日に登録の効力は無くなる。また、適格請求書発行事業者が合併により消滅した場合は、合併法人が消費税法57条1項の規定により、被合併法人が消滅した旨を記載する届出をしなければならないと従来から規定されているが、その届出をした場合に限り、合併により消滅した日に登録の効力も失われる（消法57条の2第10項2号、3号）。

適格請求書発行事業者の登録を取り消すことができる事実

適格請求書発行事業者が特定国外事業者以外の事業者である場合	イ　1年以上所在不明であること ロ　事業を廃止したと認められること ハ　合併により消滅したと認められること（法人の場合） ニ　消費税法の規定に違反して罰金以上の刑に処せられたこと
適格請求書発行事業者が特定国外事業者である場合	イ　事業を廃止したと認められること ロ　合併により消滅したと認められること（法人の場合） ハ　申告書の提出期限までに、当該申告書に係る消費税に関する税務代理の権限を有することを証する書面が提出されていないこと ニ　国税通則法117条1項の規定を受ける適格請求書発行事業者が同項の規定による納税管理人を定めていないこと ホ　消費税につき期限内申告書の提出がなかった場合において、当該提出がないことについて正当な理由がないと認められること ヘ　現に国税の滞納があり、かつ、その滞納額の徴収が著しく困難であること ト　消費税法の規定に違反して罰金以上の刑に処せられたこと

第4章

適格請求書等保存方式における帳簿・請求書等

適格請求書等保存方式における帳簿および適格請求書の記載事項、適格簡易請求書の記載事項、仕入明細書、適格返還請求書の取扱いなどを解説する。

1. 帳簿の記載事項および他の方式との比較

適格請求書等保存方式の下では、帳簿の記載事項は、次のとおりである（消法30条8項1号ハ）。区分記載請求書等保存方式における帳簿の記載事項と同様である。

帳簿の記載事項

- ・課税仕入れの相手方の氏名または名称
- ・課税仕入れを行った年月日
- ・課税仕入れに係る資産または役務の内容（軽減対象課税品目である場合には、資産の内容および軽減税率対象品目である旨）
- ・課税仕入れに係る支払対価の額（消費税額および地方消費税額がある場合には、その額を含む）

請求書等保存方式、区分記載請求書等保存方式および適格請求書等保存方式のそれぞれの記載事項を比較すると、次のページの表のとおりである。適格請求書等保存方式の段階で追加される項目はない。

ただし、①経過措置の適用となる免税事業者等からの仕入れについては、例えば「80％控除対象」または「50％控除対象」のように、経過措置の適用を受ける旨の記載が必要となるし、②帳簿のみの保存により仕入税額控除が認められる9つの取引については、「帳簿のみの保存により仕入税額控除が認められるいずれかの仕入れに該当する旨」および「仕入れの相手方の住所または所在地（一定の者を除く）」の記載が必要となる点に留意しなければならない。この点については、後に該当項目の箇所で詳しく解説する。

なお、現行と同様に、請求書等に記載されている課税仕入れに係る資産または役務の内容が一品ごとの詳細なもの（例えば、鮮魚店の場合であれば、「あじ○匹、いわし○匹……」というような記載）であっても、帳簿には商品の一般的な総称でまとめて記載するなど、申告時に請求書等を個々に確認することなく仕入控除税額を計算できる程度に記載してあれば

問題ない。

帳簿の記載事項の比較

請求書等保存方式 （～令和元.9.30）	区分記載請求書等保存方式 （令和元.10.1～令和5.9.30）	適格請求書等保存方式 （令和5.10.1～）
・課税仕入れの相手方の氏名または名称 ・課税仕入れを行った年月日 ・課税仕入れに係る資産または役務の内容 ・課税仕入れに係る支払対価の額	・課税仕入れの相手方の氏名または名称 ・課税仕入れを行った年月日 ・課税仕入れに係る資産または役務の内容（軽減税率対象品目である場合は、その旨） ・課税仕入れに係る支払対価の額	同左

(注) 下線が区分記載請求書等保存方式の段階で追加された項目である。

2. 適格請求書の記載事項および他の方式との比較

（1）適格請求書の記載事項

適格請求書の様式は、法令等で定められていない。適格請求書として必要な次の事項が記載された書類（請求書、納品書、領収書、レシート等）であれば、その名称を問わず、適格請求書に該当する（消法57条の4第1項、インボイス通達3-1）。また、手書きであっても、記載事項が満たされたものは適格請求書に該当する。

適格請求書（インボイス）の記載事項は、発行者の氏名または名称および登録番号その他の次に掲げる事項である（消法57条の4第1項1号から6号）。

適格請求書の記載事項

① 適格請求書発行事業者の氏名または名称および登録番号
② 取引年月日（課税資産の譲渡等を行った年月日）[1]
③ 課税資産の譲渡等に係る資産または役務の内容、すなわち取引の内容（軽減税率対象品目である場合には、資産の内容および軽減税率対象品目である旨）

④　税抜価額または税込価額を税率の異なるごとに区分して合計した金額および適用税率

⑤　税率の異なるごとに区分して合計した消費税額等（消費税額および地方消費税額の合計額）

⑥　交付を受ける事業者（請求書受領者）の氏名または名称

　請求書等保存方式、区分記載請求書等保存方式および適格請求書等保存方式のそれぞれの記載事項を比較すると、次のとおりである。

請求書等の記載事項の比較

請求書等保存方式 （～令和元.9.30）	区分記載請求書等保存方式 （令和元.10.1～令和5.9.30）	適格請求書等保存方式 （令和5.10.1～）
・請求書発行者の氏名 　または名称	・区分記載請求書発行者の 　氏名または名称	・適格請求書発行者の 　氏名または名称およ 　び登録番号
・取引年月日	・取引年月日	・取引年月日
・課税資産の譲渡等に 　係る資産または役務 　の提供の内容	・課税資産の譲渡等に係る 　資産または役務の提供の 　内容（軽減税率対象品目 　である場合は、その旨）	・課税資産の譲渡等に 　係る資産または役務 　の提供の内容（軽減 　税率対象品目である 　場合は、その旨）
・税込価額	・税率ごとに区分して合計 　した税込価額	・税率ごとに区分して 　合計した税抜価額ま 　たは税込価額および 　適用税率 ・税率ごとに区分して 　合計した消費税額等
・請求書受領者の氏名 　または名称	・請求書受領者の氏名また 　は名称 （注）追加項目について、請求 　　書の交付を受けた事業者に 　　よる追記可	・請求書受領者の氏名 　または名称 （注）請求書の交付を受けた 　　事業者による追記不可

（注）下線（実線）が区分記載請求書等保存方式の段階で追加された項目である。
　　　下線（点線）が適格請求書等保存方式の段階で追加（または改正）される項目である。

1　検針日基準が適用される取引や保守サービスのように一定の期間にわたって役務提供される取引については、課税期間の範囲内で一定の期間内に行った課税資産の譲渡等につきまとめて適格請求書を作成する場合には、当該一定の期間でよい。

　適格請求書等保存方式では、区分記載請求書等の記載事項に加えて「登録番号」、「適用税率」および「税率ごとに区分して合計した消費税額等」が追加して求められる。

　適格請求書等に記載する名称については、例えば、請求書に電話番号を記載するなどし、請求書を交付する事業者を特定することができる場合、屋号や省略した名称などの記載でも問題ない。

　また、名称に代えて、取引先と共有する取引先コード（取引先コード表により当社の名称等の情報を共有）を請求書に記載している場合、登録番号と紐付けて管理されている取引先コード表などを適格請求書発行事業者と相手先の間で共有しており、買手においても取引先コードから登録番号が確認できる場合には、取引先コードの表示により「適格請求書発行事業者の氏名または名称および登録番号」の記載があると認められる（インボイス通達3－3）。

　なお、軽減税率対象品目がなく、標準税率対象品目のみしかない場合、軽減税率対象品目である旨の記載は不要であり、課税資産の譲渡等の対価の額（税込価額）の記載があれば、結果として「税率ごとに合計した税抜価額または税込価額」の記載があることになる。ただし、適用税率（10％）および消費税額等の記載が必要になる点に留意する必要がある。

（2）消費税額等の端数処理

　適格請求書等保存方式では、区分記載請求書等の記載事項に加えて「登録番号」、「適用税率」および「税率ごとに区分して合計した消費税額等」が追加して求められる。この消費税額等については、次のいずれかによって計算した金額であり、後で説明する適格簡易請求書についても同様である（消令70条の10）。

> ①　税抜価額を税率の異なるごとに区分して合計した金額に標準税率（10％）または軽減税率（8％）を乗じて得た額

> ②　税込価額を税率の異なるごとに区分して合計した金額に110分の10また
> 　は108分の8を乗じて得た額

　1円未満の端数の処理については、一請求書当たり、税率ごとに1回ず
つとされる。切上げ、切捨て、四捨五入などの端数処理の方法について
は、任意の方法とすることができる。

　なぜこのようなルールが適用されるのかであるが、適格請求書等保存方
式の下では、売上税額および仕入税額の計算について現行と同じ総額計算
方式だけでなく、積上げ計算方式による計算も選択できるとされている。
一品目ごとに端数処理（かつ切捨て処理）したものを積み上げて売上税額
の計算をすることを認めると、納税額が過少になってしまう点を考慮した
ものと考えられる。

　ただし、例えば個々の取引について納品書を交付し、1ヵ月分の取引を
まとめて請求書を交付する場合において、納品書に「税率ごとに区分して
合計した消費税額等」を記載するときは、納品書につき税率ごとに一回の
端数処理を行うことが認められる（適格請求書Q＆A・問58）。

　この場合、納品書に「税率ごとに区分して合計した消費税額等」が記載
されていれば、1ヵ月分をまとめた請求書に「税率ごとに区分して合計し
た消費税額等」を特に記載する必要はなく、納品書ごとの税込価額と税込
価額の合計額を記載する方法によることができる。この場合の記載例につ
いては、67ページの下段を参照されたい。

（3）複数の取引をまとめた請求書の交付のケース

　複数の事業所がある顧客に対して、その事業所ごとに契約を締結し取引
を行っているケースにおいて、請求書については、複数の契約をまとめて
交付しているものとする。

請求書

㈱○○御中　　　　　　　　　　　　　　　　　　　XX 年 11 月 1 日

10 月分（10/ 1 ～10/31）

利用金額合計	消費税額等（10%）	ご請求金額
87,951 円	8,794 円	96,745 円

【請求金額内訳】

契約種別	利用金額（税抜）	消費税額等（10%）
Ａ契約	11,961 円	1,196 円
Ｂ契約	34,758 円	3,475 円
Ｃ契約	41,232 円	4,123 円

△△商事㈱

　この場合において、契約ごとに消費税額等の端数処理を行い、請求金額欄における消費税額等はその端数処理をした消費税額等の合計額を記載しているものとした場合に、令和５年10月１日以降、この請求書に登録番号を追加しても適格請求書の記載事項を満たすことはできない点に留意する必要がある。

　この請求書については、契約ごとに課税資産の譲渡等の税抜金額および消費税額等を記載しているが、一の書類として交付しているものであるため、この書類を適格請求書とする場合には、当該一の書類に係る課税資産の譲渡等の税抜価額または税込価額の合計額から消費税額等を算出しなければならない。

　この点、先の請求書に記載されている消費税額等は、契約ごとの課税資産の譲渡等の税抜価額から算出して端数処理した消費税額等を合計しているため、適格請求書の記載事項を満たさないことになる。

　なお、例えば、以下のように、課税資産の譲渡等の税込価額を合計し、その合計金額から算出した消費税額等を記載することにより、適格請求書の記載事項である消費税額等とすることは可能である。この場合、契約ごとに算出した消費税額等を参考として記載することは問題ないが、法令で

求められる適格請求書の記載事項としての消費税額等にはならない点に留意が必要である。

【課税資産の譲渡等の税込価額の合計金額から算出した消費税額等を記載することにより適格請求書とする場合】

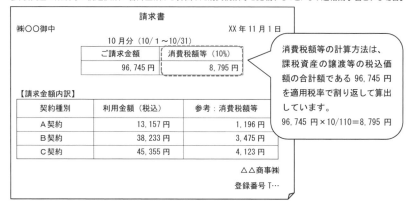

（4）記載事項に不備がある場合の対応

① 通常の対応方法

　適格請求書発行事業者が、適格請求書、適格簡易請求書または適格返還請求書を交付した場合においては、これらの書類の記載事項に誤りがあったときには、これらの書類を交付した相手方（課税事業者に限る）に対して、修正した適格請求書、適格簡易請求書または適格返還請求書を交付しなければならない（消法57条の4第4項、5項）。

　また、記載事項に誤りがある適格請求書の交付を受けた事業者は、仕入税額控除を行うために、売手である適格請求書発行事業者に対して修正した適格請求書の交付を求め、その交付を受ける必要があり、自ら追記や修正を行うことができない点に留意する必要がある。このような取扱いになっているのは、売手に一義的に交付義務が課されているからである。

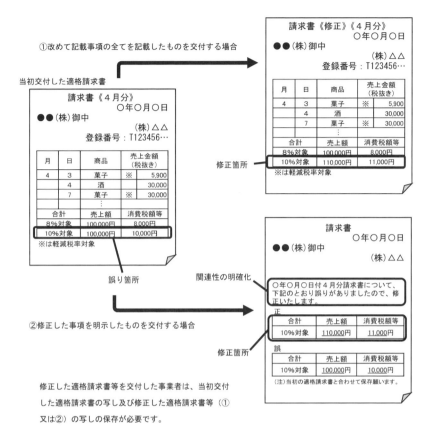

①改めて記載事項の全てを記載したものを交付する場合

当初交付した適格請求書

請求書《4月分》
〇年〇月〇日
●●(株)御中
(株)△△
登録番号：T123456…

月	日	商品		売上金額 (税抜き)
4	3	菓子	※	5,900
	4	酒		30,000
	7	菓子	※	30,000
⋮				
合計		売上額		消費税額等
8%対象		100,000円		8,000円
10%対象		100,000円		10,000円

※は軽減税率対象

誤り箇所

請求書《修正》《4月分》
〇年〇月〇日
●●(株)御中
(株)△△
登録番号：T123456…

月	日	商品		売上金額 (税抜き)
4	3	菓子	※	5,900
	4	酒		30,000
	7	菓子	※	30,000
⋮				
合計		売上額		消費税額等
8%対象		100,000円		8,000円
10%対象		110,000円		11,000円

※は軽減税率対象

修正箇所

②修正した事項を明示したものを交付する場合

関連性の明確化

修正箇所

請求書
〇年〇月〇日
●●(株)御中
(株)△△

〇年〇月〇日付4月分請求書について、下記のとおり誤りがありましたので、修正いたします。

正

合計	売上額	消費税額等
10%対象	110,000円	11,000円

誤

合計	売上額	消費税額等
10%対象	100,000円	10,000円

(注)当初の適格請求書と合わせて保存願います。

修正した適格請求書等を交付した事業者は、当初交付した適格請求書の写し及び修正した適格請求書等（①又は②）の写しの保存が必要です。

　上記のように、請求書の記載内容に誤りがあった場合には、売手は、①正しい内容が記載された適格請求書を再発行する、または②当初に交付したものとの関連性を明らかにし、修正した事項を明示したもの（正誤表のようなイメージ）を交付するといった対応が必要になる。また、③買手において適格請求書の記載事項の誤りを修正した仕入明細書等を作成し、売手である適格請求書発行事業者に確認を求めるといった方法も認められる（もともと仕入明細書方式を採用していない取引についても認められる）。買手側が勝手に修正等することは認められない点に留意する必要がある。

　適格請求書等をシステムで作成する場合、締日があるため、後から間違いに気づいた場合に、手書きで修正せざるを得ないケースが企業によって

はあるようである。この場合、売手が修正したものであることを明確にするために、訂正箇所に請求書発行者の印を押す対応も考えられる。

　なお、仕入明細書方式を採用している場合で、買手である課税事業者が作成した一定事項の記載のある仕入明細書等の書類で、売手である適格請求書発行事業者の確認を受けたものについても、仕入税額控除の適用のために保存が必要な請求書等に該当するため（消法30条9項3号）、買手において適格請求書の記載事項の誤りを修正した仕入明細書等を作成し、売手である適格請求書発行事業者の確認を受けた上で、その仕入明細書等を保存することもできる。

② **当月分の請求書において前月分の修正を記載する方法（過少請求等の場合）**

　過少請求または過大請求の調整については、単に誤りを修正するもののほか、売上げに係る対価の返還等に該当するものも含まれる。当該対価の返還等については、適格返還請求書を交付することとなるが、適格返還請求書と適格請求書は一の書類で交付することもできる。

　したがって、過少請求等について、翌月の請求書において継続的に調整している場合には、当該調整（翌月の請求書において、過少請求等に関する金額を当該請求書における課税資産の譲渡等の対価の額から直接加減算した金額およびその金額に基づき計算した消費税額等を記載する方法）により修正した適格請求書の交付があったものとして問題ない。

　この場合における当月分の適格請求書等に記載すべき「課税資産の譲渡等の税抜価額または税込価額を税率ごとに区分して合計した金額」および「税率ごとに区分した消費税額等」は、前月分の過少請求等について加減算を行った調整後の金額となる。

○○㈱御中

請求書

X年6月請求

税抜合計	消費税（10%）	総計
1,200,000	120,000	1,320,000

≪請求金額明細≫

行	商品名	数量	単価	税抜価格
1	A部品	100	200	20,000
2	B部品	200	300	60,000
3	C部品	100	400	40,000
：				
26	Z部品	100	500	50,000

△△商事㈱

※X年6月請求の変更事項

　A部品（数量変更）

　誤 100 ⇒ 正 200

　C部品（単価変更）

　誤 400 ⇒ 正 300

○○㈱御中

請求書

X年7月請求（翌月分の請求）

税抜合計	消費税（10%）	総計
1,320,000	132,000	1,452,000

≪請求金額明細≫

行	商品名	数量	単価	税抜価格
1	A部品	100	200	20,000
2	B部品	200	300	60,000
3	C部品	100	400	40,000
：				
26	Z部品	100	500	50,000
前月修正				
1	A部品	100	200	20,000
2	C部品	100	-100	−10,000

△△商事㈱

（5）適格請求書の記載例

　適格請求書の様式は、法令等で定められていない。必要な事項が記載されている書類（請求書、納品書、領収書、レシート等）であれば、その名称を問わず、適格請求書に該当する。記載事項をカバーした適格請求書の

例を示すと、次のとおりである。

```
                    請 求 書

   ○○株式会社様
      10月分　50,000円（本体）
   10/12　食料品※                    30,000円
   10/20　雑貨                        20,000円
   合計                               50,000円
   消費税                              4,400円
   ─────────────────────────────────────
   （10％対象          20,000円
                      消費税           2,000円）
   （８％対象          30,000円
                      消費税           2,400円）
   (注) ※印は軽減税率（８％）適用商品
   ─────────────────────────────────────
   △△株式会社（登録番号 XXX － XXX）
                   代表取締役　　○山○夫
```

　請求書発行者の氏名または名称だけでなく登録番号も記載事項とされているため、上記例のように、請求書発行者の箇所に登録番号を記載する必要がある。

　また、税率ごとに区分して合計した対価の額（税抜価額または税込価額）および適用税率、税率ごとに区分して合計した消費税額等を記載する必要があるため、10％対象のものと８％対象のものを区分して、対価の額の合計額と適用税率を記載し、かつ、消費税額等を記載する。10％適用の品目しかない場合であっても、10％と表記する必要がある。その場合は８％の消費税額等をゼロと表記する必要はない。

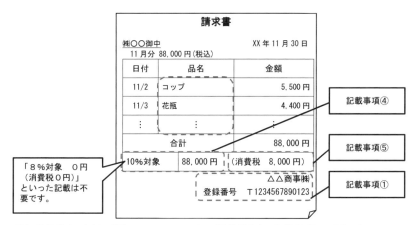

(注) 記載事項の右側の番号は、49～50ページの「適格請求書の記載事項」の番号である。

　また、請求書等に記載されている商品等のすべてが軽減税率対象品目である場合は、例えば、請求書等に「全商品が軽減税率対象」などと記載し、請求書等に記載されている商品等のすべてが「軽減税率対象品目である旨」が明らかにされている必要がある。

（6）適格簡易請求書

①　適格簡易請求書の対象となる事業

　小売業、飲食店業、写真業、旅行業、タクシー業、駐車場業（不特定多数の者に自動車その他の車両の駐車のための場所を提供するものに限る）またはそれらに準ずる事業で不特定多数の者に資産の譲渡等を行う事業を行う場合は、適格請求書に代えて適格簡易請求書の交付でよいとされ、記載事項は適格請求書よりも簡易なものとされる（消法57条の4第2項、消令70条の11）。

　小売業、飲食店業、写真業、旅行業およびタクシー業については、「不特定かつ多数の者に対するもの」との限定はないので、例えば、小売業として行う課税資産の譲渡等は、その形態を問わず、適格簡易請求書を交付することができる。例えばネット通販も対象になる。

　また、「不特定かつ多数の者に資産の譲渡等を行う事業」であるかどう

かは、個々の事業の性質により判断する。例えば、以下のような事業が該当することになる。

・資産の譲渡等を行う者が資産の譲渡等を行う際に相手方の氏名または名称等を確認せず、取引条件等をあらかじめ提示して相手方を問わず広く資産の譲渡等を行うことが常態である事業

・事業の性質上、事業者がその取引において、氏名等を確認するものであったとしても、相手方を問わず広く一般を対象に資産の譲渡等を行っている事業（取引の相手方について資産の譲渡等を行うごとに特定することを必要とし、取引の相手方ごとに個別に行われる取引であることが常態である事業を除く）

②　適格請求書との違い

原則的な取扱いに対して、次のように簡易なものとされる。

・「適用税率」および「適用税率ごとの消費税額等」→「適用税率」または「適用税率ごとの消費税額等」

・「交付を受ける事業者の氏名または名称」→省略

適格簡易請求書においては、「適用税率」および「適用税率ごとの消費税額等」の2つとも記載する必要はなく、「適用税率」または「適用税率ごとの消費税額等」のいずれかを記載すれば足りることになる。

適格請求書と適格簡易請求書を比較すると、次のようになる。

適格請求書と適格簡易請求書の比較

適格請求書	適格簡易請求書
・適格請求書発行事業者の氏名または名称および登録番号 ・取引年月日（課税資産の譲渡等を行った年月日） ・課税資産の譲渡等に係る資産または役務の内容、すなわち取引の内容（軽減税率対象品目である旨の記載を含む）	同左
・税抜価額または税込価額を税率の異なるごとに区分して合計した金額および適用税率 ・消費税額等（消費税額および地方消費税額の合計額）	・税抜価額または税込価額を税率の異なるごとに区分して合計した金額 ・消費税額等または適用税率
・交付を受ける事業者（請求書受領者）の氏名または名称	記載不要

適格簡易請求書の例を示すと、次のとおりである。

小売業、飲食店業、写真業、旅行業、タクシー業または駐車場業等（不特定多数の者に自動車その他の車両の駐車のための場所を提供するものに限る）またはそれらに準ずる事業で不特定多数の者に資産の譲渡等を行う事業を前提にすると、請求書等を一定期間の取引についてまとめて発行するものではなく、取引の都度発行されるものであることが多いと想定される。また、請求書ではなく、領収書やレシートが発行される場合が多いと考えられる。

適格簡易請求書の例①

```
              領 収 書

    領収額    32,400円（税込み）

  10/12  食料品※            30,000円
  消費税額等                  2,400円
  合計                      32,400円
  (注)　※印は軽減税率適用商品
  ─────────────────────────────
  △△株式会社（登録番号 XXX － XXX）
             代表取締役　○山○夫
```

　また、適用税率が示されれば、消費税額等の記載を省略できるため、次の内容でも問題ない。

適格簡易請求書の例②

```
              領 収 書

    領収額    32,400円（税込み）

  10/12  食料品※            32,400円
  (注)　※印は軽減税率（8％）適用商品
  ─────────────────────────────
  △△株式会社（登録番号 XXX － XXX）
             代表取締役　○山○夫
```

　適格簡易請求書の対象範囲は、取引相手が特定できるかどうかで判断するわけではない点に留意する必要がある。例えばネット通販は、取引開始時にID登録などの手続をした上で取引するものであるから、売手にとって取引相手を特定することは可能である。しかし、そのような観点から判断するものではなく、ネット通販は小売業に該当するため、適格簡易請求書の交付でよいと判断できる。BtoBの取引については基本的に適格請求書が必要になるが、BtoCの取引については、かなりの範囲のものが該当

すると考えられる。

　なお、銀行の窓口において、振込サービス等の提供を受ける場合、「不特定多数の者に資産の譲渡等を行う事業」に該当すると解されるため、適格簡易請求書の交付を受ければよいと考えられる。

（7）小規模事業者における請求書等の保存に係る特例措置

　令和5年度税制改正により、小規模事業者に配慮する観点から、次の措置が講じられる予定である。

　基準期間における課税売上高が1億円以下である事業者が、令和5年10月1日から令和11年9月30日までの間に国内において行う課税仕入れについて、その課税仕入れに係る支払対価の額が1万円未満である場合は、一定の事項が記載された帳簿のみの保存により仕入税額控除が認められる。

　1回の取引の課税仕入れに係る税込みの金額が1万円未満かどうかで判定するため、一の課税仕入れで複数の商品を仕入れた場合、当該課税仕入れに係る1商品ごとの税込金額によるものではない点に留意する必要がある。その点については、現行の下記の通達が参考になる。

消基通11-6-2（支払対価の額の合計額が3万円未満の判定単位）

> 消費税法施行令第49条第1項第1号《課税仕入れ等の税額の控除に係る帳簿等の記載事項等》に規定する「課税仕入れに係る支払対価の額の合計額が3万円未満である場合」に該当するか否かは、一回の取引の課税仕入れに係る税込みの金額が3万円未満かどうかで判定するのであるから、課税仕入れに係る一商品ごとの税込金額等によるものではないことに留意する。

（8）税抜価額と税込価額が混在する場合の取扱い

　小売業などで、1枚のレシートに多数の品目を記載する場合に、税抜価額と税込価額が混在してしまうことはあり得る。一の適格簡易請求書において、税抜価額を記載した商品と税込価額を記載した商品が混在するような場合、いずれかに統一して「課税資産の譲渡等の税抜価額または税込価

額を税率ごとに区分して合計した額」を記載するとともに、これに基づいて「税率ごとに区分して合計した消費税額等」を算出して記載する必要がある。

　税抜価額または税込価額のいずれかに統一して「課税資産の譲渡等の税抜価額または税込価額を税率ごとに区分して合計した額」を記載する際における1円未満の端数処理については、「税率ごとに区分して合計した消費税額等」を算出する際の端数処理ではないため、どのように端数処理を行うかについては、事業者の任意となる。

　なお、たばこなど、法令・条例の規定により「税込みの小売定価」が定められている商品や再販売価格維持制度の対象となる商品と、税抜価額で記載するその他の商品を合わせて一の適格簡易請求書に記載する場合については、「税込みの小売定価」を税抜化せず、「税込みの小売定価」を合計した金額および「税率の異なるごとの税抜価額」を合計した金額を表示し、それぞれを基礎として消費税額等を算出し、算出したそれぞれの金額について端数処理して記載することとしても差し支えない（適格請求書Q＆A・問50）。

（9）値増金に係る取扱い

　建設工事等の請負契約に伴い収受する値増金は、当該建設工事等の対価の一部を構成するものであるが、その金額の確定時期は区々であり、必ずしも建設工事等の引渡しの時までに確定するものではない。そのため、相手方との協議によりその収入すべきことが確定する値増金については、その収入すべき金額が確定した日の属する課税期間の課税標準額に算入することとされている（消基通9－1－7）。

　このように、値増金は、相手方との協議によりその収入すべきことが確定した日の属する課税期間の課税標準額に算入することとしているため、当該値増金が建設工事等の対価の一部を構成するものであったとしても、当初交付している適格請求書とは別に当該値増金に係る適格請求書を交付

することとなる。

　この場合における適格請求書の次の記載事項は、当該値増金に係る金額を基礎として記載することとなる。

① 課税資産の譲渡等の税抜価額または税込価額を税率ごとに区分して合計した金額および適用税率
② 税率ごとに区分した消費税額等

　なお、協同組合等において農産物の買取販売に係る販売代金の価格修正として組合員が受け取る事業分量配当金についても同様である。

(10) 令和5年10月1日をまたぐ保守契約の取扱い

　保守料を1年払いで支払っているが、月ごとに役務提供が完了している実態になっているため、当初の支払時に長期前払費用に計上しておいて、月ごとに分割して費用計上しているものとする。例えば令和5年8月1日から令和6年7月31日までの保守契約を締結し、月ごとに役務提供が完了する実態になっている場合、令和5年10月1日以降の役務提供分について、インボイスの記載事項を満たした請求書または領収書を入手する必要があると考えられる。また、令和5年8月の契約段階で、インボイスの記載事項を満たした1年分の請求書（支払条件は各月払い）を入手しても問題ないと考えられる。

3. 複数の書類で記載事項を満たす取扱い

(1) 複数の書類で記載事項を満たす取扱い

　一の書類ですべての記載事項を満たす場合が多いと考えられるが、必ずしも一の書類のみですべての記載事項を満たす必要はなく、交付された複数の書類相互の関連が明確であり、適格請求書の交付対象となる取引内容を正確に認識できる方法（例えば請求書に納品書番号を記載するなど）で交付されていれば、その複数の書類の全体により適格請求書の記載事項を

満たすことになる（インボイス通達3－1、適格請求書Q＆A・問56、58）。

（例）

請求書　＋　納品書

請求書　＋　請求明細書

なお、適格請求書等の記載事項のうちの登録番号を記載しないで作成した請求書等は、令和元年10月1日から実施されている区分記載請求書等として取り扱われる。すなわち、令和元年10月1日から令和5年9月30日（適格請求書等保存方式の導入前）までの間において、登録番号を除いて適格請求書として必要な事項が記載されている請求書等については、区分記載請求書等として必要な事項が記載されていることとなる（消法30条9項、平成28年改正法附則34条2項）。

また、令和5年9月30日以前に登録番号の通知を受けた事業者が登録番号を記載した場合であっても、令和5年9月30日以前においては、区分記載請求書等として取り扱われる。

【適格請求書として必要な記載事項を全て請求書に記載する場合の記載例】

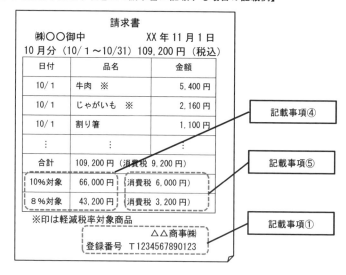

【請求書に不足する適格請求書の記載事項を納品書で補完する場合の記載例】

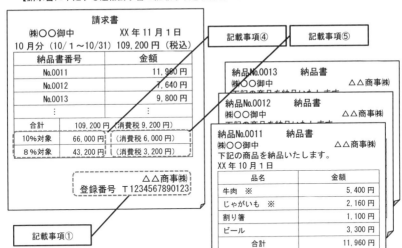

（注）記載事項の右側の番号は、49〜50ページの「適格請求書の記載事項」の番号である。

「税率ごとに区分して合計した消費税額等」を納品書に表示する方法によっている場合は、次の例が参考になる。

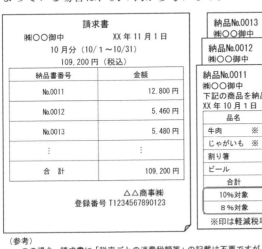

（参考）
　この場合、請求書に「税率ごとの消費税額等」の記載は不要ですが、納品書に記載した消費税額等の合計額を記載しても差し支えありません。
例）合計　109,200 円（消費税 8 %：3,200 円／10%：6,000 円）
　　合計　109,200 円（消費税 9,200 円）　　等
　なお、当該消費税額等の合計額については、法令上において記載を求める適格請求書の記載事項としての消費税額等にはなりませんのでご留意ください。

（2）書面と電磁的記録による適格請求書の交付

　適格請求書については、所定の事項が記載された請求書、納品書等の書類をいうが、一の書類のみですべての記載事項を満たす必要はなく、書類相互（または書類と電磁的記録）の関連が明確であり、適格請求書の交付対象となる取引内容を正確に認識できる方法で交付されていれば、複数の書類や、書類と電磁的記録の全体により、適格請求書の記載事項を満たすことになる。

　例えば課税資産の譲渡等の内容（軽減税率の対象である旨を含む）を含む請求明細に係る電磁的記録を提供した上で、それ以外の記載事項のある月まとめの請求書を交付することで、これら全体により、適格請求書の記載事項を満たすことになる。

　なお、請求明細に係る電磁的記録については、電子帳簿保存法が適用されるため、電子インボイスと同様の措置等を行い、保存する必要がある。電子インボイスの保存方法については、「第5章　適格請求書等の交付・保存等」を参照されたい。

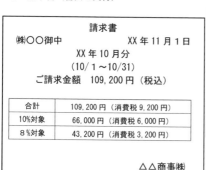

　また、仕入明細書方式においても、同様の取扱いが認められる。すなわち、課税資産の譲渡等の内容（軽減税率の対象である旨を含む）を記録し

た取引明細に係る電磁的記録と書面で作成する支払通知書の全体により、請求書等の記載事項を満たせば、書面で作成した支払通知書と取引明細に係る電磁的記録を合わせて保存することで、仕入税額控除のための請求書等の保存要件を満たすこととなる。

　また、取引明細に係る電磁的記録の保存方法は、電子インボイスの保存方法と同様となる（消令50条1項、消規15条の5）。電子インボイスの保存方法については、「第5章　適格請求書等の交付・保存等」を参照されたい。

4. 仕入明細書方式

（1）仕入明細書の記載事項

　適格請求書等保存方式においても、仕入明細書方式は存続する。買手が所定の事項が記載された仕入明細書を作成し、売手の確認を受けることが必要である。現行と異なる点は、記載事項が追加される点である。適格請求書の記載事項に準じた事項の記載が求められる。仕入明細書、仕入計算書等の記載事項は、次のとおりである（消令49条4項）。

① 　仕入明細書の作成者の氏名または名称
② 　課税仕入れの相手方の氏名または名称および登録番号
③ 　課税仕入れを行った年月日（課税期間の範囲内で一定の期間内に行った課税仕入れにつきまとめて作成する場合には、その一定の期間）
④ 　課税仕入れに係る資産または役務の内容（軽減税率対象品目である場合には、資産の内容および軽減税率対象品目である旨）
⑤ 　税率の異なるごとに区分して合計した課税仕入れに係る支払対価の額および適用税率
⑥ 　税率の異なるごとに区分して合計した消費税額等（課税仕入れに係る支払対価の額に110分の10（軽減税率対象品目である場合は108分の8）を乗じて算出した金額をいい、1円未満の端数が生じたときは、端数処理後の金額をいう）

【仕入明細書の記載例】

（２）仕入明細書に係る売手の確認の方法

　仕入明細書については、仕入れの相手方である売手の確認を受けることが必要である。売手の確認を受ける方法としては、次のような方法が考えられる。

(ⅰ)　仕入明細書等の記載内容を、通信回線等を通じて相手方の端末機に出力し、確認の通信を受けた上で、自己の端末機から出力したもの

(ⅱ)　仕入明細書等に記載すべき事項に係る電磁的記録につきインターネットや電子メールなどを通じて課税仕入れの相手方へ提供し、相手方から確認の通知等を受けたもの

(ⅲ)　仕入明細書等の写しを相手方に交付し、または仕入明細書等の記載内容に係る電磁的記録を相手方に提供した後、一定期間内に誤りのある旨の連絡がない場合には記載内容のとおり確認があったものとする基本契約等を締結した場合におけるその一定期間を経過したもの

　上記の(ⅲ)については、次の方法のように仕入明細書等の記載事項が相手方に示され、その内容が確認されている実態にあることが明らかであれば、相手方の確認を受けたものとなる。

・仕入明細書等に「送付後一定期間内に誤りのある旨の連絡がない場合には記載内容のとおり確認があったものとする」旨の通知文書等を添付して相手方に送付し、または提供し、了承を得る。

・仕入明細書等または仕入明細書等の記載内容に係る電磁的記録に「送付後一定期間内に誤りのある旨の連絡がない場合には記載内容のとおり確認があったものとする」といった文言を記載し、または記録し、相手方の了承を得る。

（3）仕入税額から控除する配送料の取扱い

　仕入明細書に配送料を記載し、仕入金額から控除する実務がみられる。適格請求書等保存方式の下で、どのように対応したらよいかが問題となる。この点については、配送（課税資産の譲渡等）の対価として収受する配送料については、別途、相手方の求めに応じて適格請求書を交付する義務がある。配送料に係る適格請求書を仕入明細書とは別に交付する方法、または仕入明細書に合わせて配送料に係る適格請求書の記載事項を1枚の書類で交付する方法のいずれかにより対応する必要がある。

　仕入明細書と適格請求書のそれぞれの記載事項は次のとおりであるが、仕入明細書と適格請求書を一の書類で交付する場合の記載例を示すものとする。

仕入明細書の記載事項

① 仕入明細書の作成者の氏名または名称
② 課税仕入れの相手方の氏名または名称および登録番号
③ 課税仕入れを行った年月日
④ 課税仕入れに係る資産または役務の内容（軽減税率対象品目である場合には、資産の内容および軽減税率対象品目である旨）
⑤ 税率の異なるごとに区分して合計した課税仕入れに係る支払対価の額および適用税率
⑥ 税率の異なるごとに区分して合計した消費税額等

適格請求書の記載事項

- ㋑　適格請求書発行事業者の氏名または名称および登録番号
- ㋺　取引年月日（課税資産の譲渡等を行った年月日）
- ㋩　課税資産の譲渡等に係る資産または役務の内容（軽減税率対象品目である場合には、資産の内容および軽減税率対象品目である旨）
- ㊁　税抜価額または税込価額を税率の異なるごとに区分して合計した金額および適用税率
- ㋭　税率の異なるごとに区分して合計した消費税額等
- ㋬　書類の交付を受ける事業者の氏名または名称

【仕入明細書と適格請求書を一の書類で交付する場合の記載例】

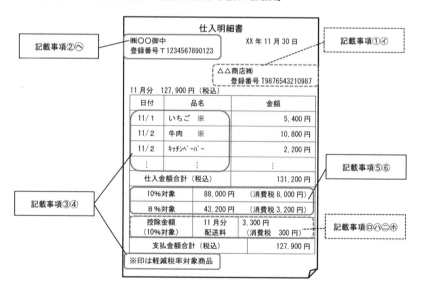

5. 適格返還請求書

（1）適格返還請求書の記載事項

　適格請求書発行事業者が売上げに係る対価の返還等を行うときは、売上げに係る対価の返還等を受ける他の事業者に適格返還請求書を交付しなければならない。適格請求書と同様に、交付義務が規定されている一方にお

いて、令和5年度税制改正により、売上げに係る対価の返還等に係る税込価額が1万円未満である場合はその適格返還請求書の交付義務を免除するとされる見込みである。令和5年10月1日以後の課税資産の譲渡等につき行う売上げに係る対価の返還等について適用される予定である。

　適格返還請求書には、次の事項を記載しなければならない（消法57条の4第3項）。

適格返還請求書の記載事項

① 　適格請求書発行事業者の氏名または名称および登録番号

② 　売上げに係る対価の返還等を行う年月日および当該売上げに係る対価の返還等の基となった課税資産の譲渡等を行った年月日（適格請求書を交付した売上げに係るものについては、課税期間の範囲で一定の期間の記載で差し支えない。）

③ 　売上げに係る対価の返還等の基となる課税資産の譲渡等に係る資産または役務の内容（売上げに係る対価の返還等の基となる課税資産の譲渡等が軽減税率対象品目である場合には、資産の内容および軽減税率対象品目である旨）

④ 　売上げに係る対価の返還等の税抜価額または税込価額を税率ごとに区分して合計した金額

⑤ 　売上げに係る対価の返還等の金額に係る税率ごとに区分して合計した消費税額等または適用税率

　以下、適格返還請求書を一の書類で交付する場合の記載例を示す。

出典：国税庁「インボイス制度－オンライン説明会－」資料より

　なお、適格請求書の交付義務が免除される取引（第5章で詳説）については、適格返還請求書の交付義務も免除される。

（2）適格請求書と適格返還請求書を一の書類で交付することも可

　適格返還請求書については、記載事項が満たされていれば、それ単独で交付することもできるし、適格請求書と適格返還請求書を一の書類で交付することも可能である。一の書類で交付する場合は、適格請求書と適格返還請求書のそれぞれの記載事項が満たされている必要があることは当然である。例えば、当月販売した商品について、適格請求書として必要な事項を記載するとともに、前月分の販売奨励金について、適格返還請求書として必要な事項を記載すれば、1枚の請求書を交付することが可能である。

　また、継続して課税資産の譲渡等の対価の額から売上げに係る対価の返

還等の金額を控除した金額およびその金額に基づき計算した消費税額等を
税率ごとに請求書等に記載することで、適格請求書に記載すべき「課税資
産の譲渡等の税抜価額または税込価額を税率ごとに区分して合計した金
額」および「税率ごとに区分して合計した消費税額等」と適格返還請求書
に記載すべき「売上げに係る対価の返還等の税抜価額または税込価額を税
率ごとに区分して合計した金額」および「売上げに係る対価の返還等の金
額に係る消費税額等」の記載を満たすこともできる（インボイス通達3－
16)。この場合、課税資産の譲渡等の金額から売上げに係る対価の返還等
の金額を控除した金額に基づく消費税額等の計算については、税率ごとに
１回の端数処理となる点に留意する必要がある。

【課税資産の譲渡等の金額と対価の返還等の金額をそれぞれ記載する場合の記載例】

請求書

㈱○○御中　　　　　　　　　　　　XX 年12月15日

11月分　98,300円（税込）
（11/1〜11/30）

日付	品名	金額
11/1	オレンジジュース　※	5,400円
11/1	ビール	11,000円
11/2	リンゴジュース　※	2,160円
⋮	⋮	⋮
合計	109,200円　（消費税 9,200円）	
10％対象	66,000円　（消費税 6,000円）	
8％対象	43,200円　（消費税 3,200円）	
販売奨励金		
10/12	リンゴジュース　※	1,080円
⋮	⋮	⋮
合計	10,900円　（消費税 900円）	
10％対象	5,500円　（消費税 500円）	
8％対象	5,400円　（消費税 400円）	
請求金額	98,300円	

適格請求書として
必要な記載事項

適格返還請求書として
必要な記載事項

※は軽減税率対象商品

△△商事㈱
登録番号 T1234567890123

【対価の返還等を控除した後の金額を記載する場合の記載例】

請求書

㈱○○御中　　　　　　　　　　XX 年12月15日

11月分　98,300円（税込）
（11/1〜11/30）

日付	品名	金額
11/1	オレンジジュース　※	5,400円
11/1	ビール	11,000円
11/2	リンゴジュース　※	2,160円
⋮	⋮	⋮
合計	109,200円　（消費税 9,200円）	
販売奨励金		
10/12	リンゴジュース　※	1,080円
⋮	⋮	⋮
合計	10,900円　（消費税　900円）	
請求金額	98,300円　（消費税 8,300円）	
10％対象	60,500円　（消費税 5,500円）	
8 ％対象	37,800円　（消費税 2,800円）	

※は軽減税率対象商品

　　　　　　　△△商事㈱
　　　　　　　登録番号 T1234567890123

> 継続的に、
> ①課税資産の譲渡等の対価の額から売上げに係る対価の返還等の金額を控除した金額および
> ②その金額に基づき計算した消費税額等を税率ごとに記載すれば記載事項を満たす。

（3）仕入明細書において対価の返還等について記載する方法

　請求書の交付をせず、仕入側からの支払通知書（仕入明細書等）に基づき支払を受ける取引がある。仕入側が仕入税額控除のために作成・保存している支払通知書に、返品に関する適格返還請求書として必要な事項が記載されていれば、売手側と仕入側の間で、売上げに係る対価の返還等の内容について確認されているので、売手側は、改めて適格返還請求書を交付しなくても差し支えないとされている。なお、支払通知書に適格返還請求書として必要な事項を合わせて記載する場合に、事業者ごとに継続して、

課税仕入れに係る支払対価の額から売上げに係る対価の返還等の金額を控除した金額およびその金額に基づき計算した消費税額等を税率ごとに支払通知書に記載することで、仕入明細書に記載すべき「税率ごとに合計した課税仕入れに係る支払対価の額」および「税率ごとに区分して合計した消費税額等」と適格返還請求書に記載すべき「売上げに係る対価の返還等の税抜価額または税込価額を税率ごとに区分して合計した金額」および「売上げに係る対価の返還等の金額に係る消費税額等」の記載を満たすこともできる。

【仕入明細書に適格返還請求書の記載事項を合わせて記載する場合の記載例】

支払通知書

㈱○○御中　　　　　XX年11月30日

登録番号 T1234567890123

（送付後一定期間内に連絡がない場合、確認があったものといたします。）

△△商店㈱

11月分　支払金額合計 129,020円（税込）

日付	品名	金額
11/1	いちご　※	5,400円
11/2	牛肉　※	10,800円
11/2	キッチンペーパー	2,200円
⋮	⋮	⋮
11/12	クッキー【返品】 （XX年10月仕入分）※	▲1,080円
11/12	割り箸【返品】 （XX年9月仕入分）	▲1,100円
⋮	⋮	⋮

10%対象	仕入 金額	88,000円 （消費税8,000円）	返品 金額	▲1,100円 （▲消費税100円）
8%対象		43,200円 （消費税3,200円）		▲1,080円 （▲消費税80円）

※印は軽減税率対象商品

仕入額から返品額を控除した金額を継続して記載していれば、次のように仕入金額を記載することも認められる。

（例）

10%対象86,900円
（消費税 7,900円）
8%対象42,120円
（消費税 3,120円）

適格返還請求書に記載が必要となる事項。

6. 端数値引きがある場合の適格請求書の記載

　取引先に対する請求に際し、請求金額の合計額の端数を値引きすること
がある。いわゆる「出精値引き」という。

　適格請求書等保存方式においては、請求書の記載について、値引きの時
期が課税資産の譲渡等を行う前か後かで以下のように対応が分けられる。

　①　すでに行った課税資産の譲渡等の対価の額に係る値引きである場合は、
　　　売上げに係る対価の返還等として処理する。
　②　これから行う課税資産の譲渡等の対価の額に係る値引きである場合は、
　　　課税資産の譲渡等の対価の額から直接減額して処理する。

　なお、値引きの時期が課税資産の譲渡等を行う前か後かについて厳密な
区分が困難である場合は、①と②のいずれの処理を行っても差し支えない
とされている（適格請求書Q＆A・問61）。

①　売上げに係る対価の返還等として処理する場合

　すでに行った課税資産の譲渡等の対価の額に係る値引きである場合は、
売上げに係る対価の返還等として処理するため、適格返還請求書を交付す
ることとなる。適格返還請求書を単独で作成し交付することもできるが、
適格請求書と適格返還請求書のそれぞれの記載事項を満たして一の書類で
記載することもできる。

　ただし、先に説明したように、令和5年度税制改正により、売上げに係
る対価の返還等に係る税込価額が1万円未満である場合はその適格返還請
求書の交付義務を免除するとされる予定である。出精値引きは税込価額1
万円未満であるため、交付義務自体が免除されることとなる点に留意する
必要がある。

　この場合、出精値引きはすでに行った個々の取引のいずれかに対して値
引きを行う性質のものではなく、その請求全体に対して値引きを行うもの
であるため、適格返還請求書の記載事項である「売上げに係る対価の返還

等の基となる課税資産の譲渡等に係る資産または役務の内容」は、適格請求書の記載事項である「課税資産の譲渡等に係る資産または役務の内容」と同一となることから、記載する必要はない。

　また、例えば、標準税率の取引のみを行っているなど、取引に係る適用税率が単一である場合、適格返還請求書の記載事項である売上げに係る対価の返還等の金額に係る「適用税率」に関しても同様に、適格請求書の記載事項である「適用税率」とは別に記載する必要はない。

　なお、適格返還請求書は、売上げに係る対価の返還等の金額に係る消費税額等または適用税率のいずれか一方のみの記載が求められている（両方記載することも可能）ことから、適用税率を記載した場合は、「売上げに係る対価の返還等の金額に係る消費税額等」の記載を省略することができる。

【売上げに係る対価の返還等として処理する際に交付すべき適格請求書と適格返還請求書を一の書類で交付する場合の記載例】

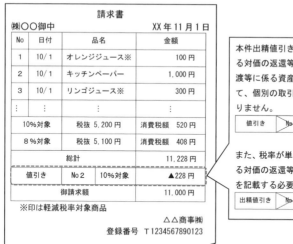

②　課税資産の譲渡等の対価の額から直接減額して処理する場合

　これから行う課税資産の譲渡等の値引きである場合、課税資産の譲渡等の対価の額から直接減額して処理することとなるので、適格請求書には、値引き後の対価の額に係る消費税額等の記載が必要となる。

　また、標準税率および軽減税率対象の取引を同時に行う場合の出精値引きについては、当該出精値引額をその資産の譲渡等の価額の比率により按分し、適用税率ごとに区分する必要がある。

　なお、この場合において、例えば、標準税率対象のものからのみ値引きを行うとしても値引額または値引き後の対価の額が明らかとなっていれば、合理的に区分されているものに該当する（軽減通達15）。

【課税資産の譲渡等の対価の額から直接減額して処理する場合の記載例】

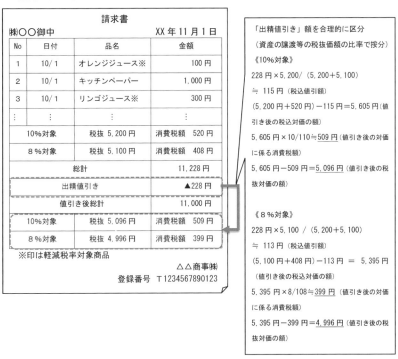

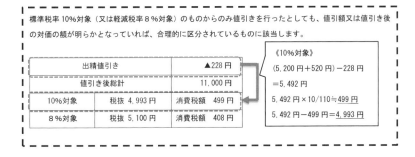

第5章

適格請求書等の
交付・保存等

適格請求書発行事業者には、課税事業者からの求めに応じ適格請求書等の交付義務が課される。本章では、適格請求書の交付義務が免除される取引、適格請求書等の写しの保存義務、電子インボイスの取扱い、委託販売の取扱いなどを解説する。

1. 適格請求書の交付義務

　現行の区分記載請求書等保存方式において請求書の交付義務はなく、不正交付の罰則も置かれていないが、適格請求書等保存方式においては相手方（課税事業者に限る）から適格請求書の交付を求められたときの適格請求書の交付義務があり、不正交付の罰則も置かれている。適格請求書発行事業者は、国内において課税資産の譲渡等を行った場合において、当該課税資産の譲渡等を受ける他の事業者（免税事業者を除く）から適格請求書の交付を求められたときは、当該課税資産の譲渡等に係る適格請求書を交付しなければならない（消法57条の４第１項本文）。また、その写しを保存しなければならない（同条６項）。

　課税資産の譲渡等に係る適用税率は問わないので、標準税率の取引のみを行っている場合でも、取引の相手方（課税事業者に限る）から交付を求められたときは、適格請求書の交付義務があることに留意が必要である（免税取引、非課税取引および不課税取引のみを行う場合は、適格請求書の交付義務は課されない）。

2. 適格請求書の交付義務が免除される取引

　その適格請求書発行事業者が行う事業の性質上、適格請求書を交付することが困難な課税資産の譲渡等として政令で定めるものを行う場合は、適格請求書の交付義務が免除される（消法57条の４第１項本文ただし書き、消令70条の９第２項）。次の５つが対象である。

適格請求書の交付義務が免除されるもの

(1)　公共交通機関である船舶、バスまたは鉄道による旅客の運送として行われるもの（税込価額３万円未満のものに限る）[1]

(2)　卸売市場を通じた生鮮食料品等の委託販売

(3)　媒介または取次に係る業務を行う者（農業協同組合、漁業協同組合、森林組合）が委託を受けて行う農水産品の譲渡等[2]

⑷　自動販売機または自動サービス機により行われるもの（税込価額３万
円未満のものに限る）[3]

⑸　郵便切手類のみを対価とする郵便サービス・貨物サービス（郵便ポス
トに差し出された郵便物および貨物に係るものに限る）

　上記の⑴、⑷および⑸については、買手において、帳簿のみの保存により仕入税額控除が認められる。⑵および⑶については、現行と同様に、媒介または取次ぎに係る業務を行う者が作成する一定の書類（書類に記載すべき事項に係る電磁的記録を含む）および帳簿の保存をもって、仕入税額控除が認められる。

（１）３万円未満の公共交通機関による旅客の運送

　３万円未満の公共交通機関による旅客の運送かどうかは、１回の取引の税込価額が３万円未満かどうかで判定する（インボイス通達３－９）。したがって、１商品（切符１枚）ごとの金額や、月まとめ等の金額で判定することはない。３人分の運送役務の提供を行う場合には、３人分の金額で判定することとなる。

　なお、急行料金や寝台料金は、旅客の運送に直接的に付帯する対価として、この特例の対象になる。一方、入場料金や手回品料金は、旅客の運送に直接的に付帯する対価ではないため、特例の対象にはならない（インボイス通達３－10）。

1　３万円未満の公共交通機関による旅客の運送かどうかは、１回の取引の税込価額が３万円未満かどうかで判定する（インボイス通達３－９）。したがって、１商品（切符１枚）ごとの金額や、月まとめ等の金額で判定することはない。３人分の運送役務の提供を行う場合には、３人分の金額で判定することとなる。

2　農業協同組合や農事組合法人、水産業協同組合、森林組合および事業協同組合や協同組合連合会（以下、「農協等」という）の組合員その他の構成員が、農協等に対して、無条件委託方式かつ共同計算方式により販売を委託した、農林水産物の販売（その農林水産物の譲渡を行う者を特定せずに行うものに限る）が対象である（消法57条の４第１項、消規26条の５第１項、２項）。

3　代金の受領と資産の譲渡等が自動で行われる機械装置であって、その機械装置のみで、代金の受領と資産の譲渡等が完結するものをいう（インボイス通達３－11）。したがって、例えば自動販売機による飲食料品の販売のほか、コインロッカーやコインランドリー等によるサービスのように機械装置のみにより代金の受領と資産の譲渡等が完結するものが該当する。

　なお、船舶、バスまたは鉄道による旅客の運送として行われるものが対象であって、航空機による旅客の運送は対象外である。

（2）卸売市場を通じた生鮮食料品等の委託販売

　卸売業者が卸売の業務として出荷者から委託を受けて行う同法に規定する生鮮食料品等の販売は、適格請求書を交付することが困難な取引として、出荷者等から生鮮食料品等を購入した事業者に対する適格請求書の交付義務が免除される（消法57条の４第１項、消令70条の９第２項２号イ）。

　本特例の対象となる卸売市場とは、①農林水産大臣の認定を受けた中央卸売市場、②都道府県知事の認定を受けた地方卸売市場、③①および②に準ずる卸売市場として農林水産大臣が財務大臣と協議して定める基準を満たす卸売市場のうち農林水産大臣の確認を受けた卸売市場とされている。

　生鮮食料品等を購入した買手は、卸売の業務を行う事業者など媒介または取次ぎに係る業務を行う者が作成する一定の書類および帳簿の保存により、仕入税額控除が認められる。どの生産者の農水産物かを特定せずに流通させる仕組みとなっていることから、このような特例が置かれたものであり、生産者が免税事業者であっても、結果的に買手は仕入税額控除ができることになる。次項も同様である。

（3）媒介または取次に係る業務を行う者が委託を受けて行う農水産品の譲渡等

　農業協同組合や農事組合法人、水産業協同組合、森林組合および事業協同組合や協同組合連合会（以下、「農協等」という）の組合員その他の構成員が、農協等に対して、無条件委託方式かつ共同計算方式により販売を委託した場合の農林水産物の販売（その農林水産物の譲渡を行う者を特定せずに行うものに限る）が対象である（消法57条の４第１項、消規26条の５第１項、２項）。

　農水産品等を購入した買手は、媒介または取次ぎに係る業務を行う者が

作成する一定の書類（書類に記載すべき事項に係る電磁的記録を含む）の保存をもって、適格請求書等の保存があったものとして取り扱われる。

（4）自動販売機または自動サービス機により行われるもの（3万円未満のものに限る）

　代金の受領と資産の譲渡等が自動で行われる機械装置であって、その機械装置のみで、代金の受領と資産の譲渡等が完結するものをいう（インボイス通達3－11）。したがって、例えば自動販売機による飲食料品の販売のほか、コインロッカーやコインランドリー、金融機関のATMによる手数料を対価とする入出金サービスや振込サービス等のように機械装置のみにより代金の受領と資産の譲渡等が完結するものが該当する。

　なお、ネットバンキングによる振込は、本特例の対象外である。自動販売機・自動サービス機特例の対象となるのは、代金の受領と資産の譲渡等がその機械装置のみにより自動で完結するものである。金融機関のATMによる振込は同特例の対象になるが、ネットバンキングのように機械装置のみで代金の受領と資産の譲渡等が完結しないものは対象外である（適格請求書Q＆A・問40）。したがって、ネットバンキングで振込を行う場合の振込手数料は、原則通り、一定の事項が記載された帳簿および適格請求書等の保存がなければ仕入税額控除の適用が認められない。

　また、コインパーキングや自動券売機のように代金の受領と券類の発行はその機械装置で行われるものの資産の譲渡等は別途行われるようなものは対象外である[4]。

4　コインパーキングは、自動販売機・自動サービス機特例の対象にはならないが、駐車場業（不特定多数の者に自動車その他の車両の駐車のための場所を提供するものに限る）に該当することから、適格請求書に代えて、適格簡易請求書の交付でよい。自動券売機も同様である。

（5）郵便切手類のみを対価とする郵便サービス・貨物サービス（郵便ポストに差し出された郵便物および貨物に係るものに限る）

　郵便ポストに投函される郵便物・貨物に係る郵便サービス・貨物サービスであるため、サービスの提供側とサービスを受ける側との接触がない。適格請求書を交付することが困難であることは明らかである。したがって、適格請求書の交付義務が免除される。

3. 請求書と納品書で必要な記載事項を満たす場合

　適格請求書等については、区分記載請求書等と同様に、税率ごとに請求書を分けて、交付することも可能である。また、請求書に適格請求書として必要な事項をすべて記載する方法に限定されるものではなく、例えば一定期間分の取引について請求書等を作成する場合の請求書と納品書（請求明細書）など、相互の書類の関連が明確であり、受領者側において適格請求書等の交付対象となる取引内容（適格請求書等の記載事項）を正確に認識できる方法で作成されている場合には、相互の書類全体で記載事項を満たすことも可能である。この場合、それぞれの書類が、単独で、適格請求書等であると受領者側に誤認されるおそれのある表示がなされないように、留意する必要がある。

　例えば、請求書に、登録番号、課税資産の譲渡等の税抜価額または税込価額を税率ごとに区分して合計した金額および適用税率を記載するとともに、日々の取引の内容（軽減税率の対象である旨を含む）については、納品書に記載することにより、2種類の書類で適格請求書の記載事項を満たすことは可能である。したがって、この場合、請求書と納品書を交付することにより、適格請求書の交付義務を果たすことができる。

【請求書に不足する適格請求書の記載事項を納品書で補完する場合の記載例】

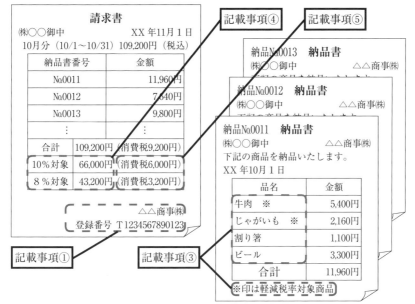

(注) 記載事項の右側の番号は、49〜50ページの「適格請求書の記載事項」の番号である。

　なお、同様に、課税資産の譲渡等の内容（軽減税率の対象である旨を含む）を含む請求明細に係る電磁的記録を提供した上で、それ以外の記載事項のある月まとめの請求書を交付することで、これら全体により、適格請求書の記載事項を満たすことになる。請求明細に係る電磁的記録については、電子帳簿保存法が適用されるため、提供した適格請求書に係る電磁的記録（電子インボイス）と同様の措置等を行い、保存する必要がある。

4. 適格請求書類似書類等の交付禁止

　適格請求書または適格簡易請求書に類似するものおよび適格請求書の記載事項に係る電磁的記録に類似するもの（以下、「適格請求書類似書類等」という）の交付および提供は禁止され、①適格請求書類似書類等の交付または提供に関する調査に係る質問検査権の規定および②適格請求書類似書類等を交付または提供した者に対する罰則の規定が設けられている。

　例えば、適格請求書発行事業者の登録を受けていない者が、請求書等に番号（Ｔ＋法人番号）を記載して発行した場合、その請求書等の交付を受けた者は、それを適格請求書等と誤認する可能性が生じる。そのような発行をすることはもちろん禁止されるが、仮に発行した場合は、罰則の対象になる。

5. 適格返還請求書の交付義務

　売上げに係る対価の返還等を行う適格請求書発行事業者は、当該売上げに係る対価の返還等を受ける他の事業者に対して、適格返還請求書を交付しなければならない（消法57条の4第3項本文）。

　ただし、当該適格請求書発行事業者が行う事業の性質上、当該売上げに係る対価の返還等に際し適格返還請求書を交付することが困難な課税資産の譲渡等として政令で定めるものを行う場合は、交付しなくてよい（同項ただし書き）。交付しなくてよい課税資産の譲渡等は、すでに説明した適格請求書の交付義務が免除されるものと同じである（消令70条の9第3項）。

　また、令和5年度税制改正により、売上げに係る対価の返還等に係る税込価額が1万円未満である場合は、その適格返還請求書の交付義務を免除するとされる予定である。

　適格返還請求書の記載事項は、次のとおりである。

適格返還請求書の記載事項

① 適格請求書発行事業者の氏名または名称および登録番号
② 売上げに係る対価の返還等を行う年月日およびその売上げに係る対価の返還等の基となった課税資産の譲渡等を行った年月日（適格請求書を交付した売上げに係るものについては、課税期間の範囲で一定の期間の記載で差し支えない。）
③ 売上げに係る対価の返還等の基となる課税資産の譲渡等に係る資産または役務の内容（売上げに係る対価の返還等の基となる課税資産の譲渡等が軽減税率対象品目である場合には、資産の内容および軽減税率対象品目である旨）

④　売上げに係る対価の返還等の税抜価額または税込価額を税率ごとに区分して合計した金額

⑤　売上げに係る対価の返還等の金額に係る税率ごとに区分して合計した消費税額等または適用税率

　上記⑤については、消費税額等または適用税率とされているように、消費税額等または適用税率のいずれかの記載があればよいが、もちろん両方の記載も問題ない。

　なお、販売奨励金の精算に当たって、取引先から交付される奨励金請求書に基づき支払を行い、売上げに係る対価の返還等として処理する実務がみられるが、取引先が作成する書類である奨励金請求書に販売奨励金に関する適格返還請求書として必要な事項が記載されていれば、自社と取引先との間で、売上げに係る対価の返還等の内容について記載された書類が共有されているので、改めて適格返還請求書を交付しなくても差し支えないとされている（適格請求書Ｑ＆Ａ・問54）。

【適格返還請求書として必要な事項が記載された販売奨励金に係る請求書の記載例】

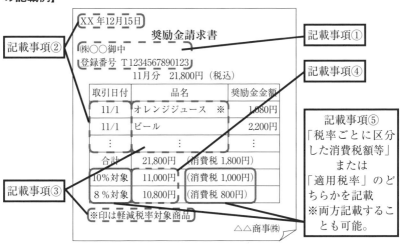

※上記の記載事項①～⑤は、いずれも適格返還請求書として必要な記載事項である。

6. 適格請求書等の記載事項に誤りがあった場合の再発行

　適格請求書、適格簡易請求書または適格返還請求書を交付した適格請求書発行事業者は、これらの書類の記載事項に誤りがあった場合には、これらの書類を交付した他の事業者に対して、修正した適格請求書、適格簡易請求書または適格返還請求書を交付しなければならない（消法57条の4第4項）。

　記載事項に誤りがある適格請求書の交付を受けた事業者は、仕入税額控除を行うために、売手である適格請求書発行事業者に対して修正した適格請求書の交付を求め、その交付を受ける必要があり、自ら追記や修正を行うことができない点に留意する必要がある。このような取扱いが適用されるのは、売手に一義的に交付義務が課されているためである。

　詳しい内容については、第4章の「2. 適格請求書の記載事項および他の方式との比較」の「（4）記載事項に不備がある場合の対応」を参照されたい。

7. 適格請求書等の写しの保存

（1）適格請求書等の写しの範囲

　適格請求書発行事業者には、交付した適格請求書の写しの保存義務が課せられる（消法57条の4第6項）。「交付した適格請求書の写し」とは、交付した書類そのものを複写したものに限らず、その適格請求書の記載事項が確認できる程度の記載がされているものもこれに含まれる。例えば、適格簡易請求書に係るレジのジャーナル、複数の適格請求書の記載事項に係る一覧表や明細表などの保存があれば問題ない。

（2）適格請求書の写しの電磁的記録による保存

　適格請求書または適格簡易請求書の交付を受けた事業者は、仕入税額控除を行ううえで、その保存が要件となるのは当然である。

　一方、適格請求書または適格簡易請求書を交付した適格請求書発行事業者は、交付した書類の写しを保存しなければならない（消法57条の４第６項）。なお、適格請求書等の写しを紙媒体で保存することもできるし、電子帳簿保存法に基づき、一定の要件を充たすときは、システムで作成した適格請求書を出力して書面で交付したときのその作成したデータで保存することも認められる（電帳法４条２項）。

　紙媒体ではなく作成したデータで保存する場合は、一定の要件を満たす必要がある。具体的な要件は、次の３つを満たすことである。電子帳簿保存法における①電子帳簿等保存、②スキャナ保存および③電子取引データ保存の３類型のうちの①に該当するため、後で説明する電子インボイスの保存要件（３類型のうちの③）に比べると、要件が少し軽くなっている。

① 　適格請求書に係る電磁的記録の保存等に併せて、システム関係書類等（システム概要書、システム仕様書、操作説明書、事務処理マニュアル等）の備付けを行うこと（電帳規２条２項３号、３項）
② 　適格請求書に係る電磁的記録の保存等をする場所に、その電磁的記録の電子計算機処理の用に供することができる電子計算機、プログラム、ディスプレイおよびプリンタならびにこれらの操作説明書を備え付け、その電磁的記録をディスプレイの画面および書面に、整然とした形式および明瞭な状態で、速やかに出力できるようにしておくこと（電帳規２条２項３号、３項）
③ 　国税に関する法律の規定による適格請求書に係る電磁的記録に係る電磁的記録の提示もしくは提出の要求に応じることができるようにしておくことまたは適格請求書に係る電磁的記録について、次の要件を満たす検索機能を確保しておくこと（電帳規２条２項３号、３項）
　・取引年月日、その他の日付を検索条件として設定できること
　・日付に係る記録項目は、その範囲を指定して条件を設定することができること

　上記の要件は、電子帳簿保存法における電子帳簿等保存の要件（電子帳簿保存法４条２項）そのものである。電子帳簿保存法への対応と同時並行

的に準備を進めていくことが考えられる。

　なお、複数の適格請求書の記載事項に係る一覧表等を適格請求書の写しとして電磁的記録により保存する場合には、消費税法上は、必ずしも交付した適格請求書として出力する必要はなく、上記①から③の要件を満たした当該一覧表等の電磁的記録を保存することで問題ない。

　適格請求書発行事業者は、交付した日または提供した日の属する課税期間の末日の翌日から2ヵ月を経過した日から7年間、納税地またはその取引に係る事務所、事業所その他これらに準ずるものの所在地に適格請求書等の写しを保存しなければならない（消令70条の13第1項）。

　一方、適格請求書等の交付を受けた事業者は、帳簿および請求書等を整理し、帳簿についてはその閉鎖の日の属する課税期間の末日の翌日、請求書等についてはその受領した日の属する課税期間の末日の翌日から2ヵ月を経過した日から7年間、これを納税地またはその取引に係る事務所、事業所その他これらに準ずるものの所在地に保存しなければならない（消令50条1項）。

8. 電子インボイスの許容

（1）電子インボイスの提供

　適格請求書発行事業者は、適格請求書、適格簡易請求書または適格返還請求書の交付に代えて、これらの書類に記載すべき事項に係る電磁的記録を提供することも認められる（消法57条の4第5項）。これを「電子インボイス」という。電子インボイスに記録すべき事項は、適格請求書に記載すべき事項と同じである。

　電磁的記録による提供方法としては、光ディスク、磁気テープ等の記録用の媒体による提供のほか、例えば、EDI取引における電子データの提供、電子メールによる電子データの提供、インターネット上にサイトを設け、そのサイトを通じた電子データの提供などがある（インボイス通達3－2）。例えばPDF化した請求書を電子メールで送信する方法が最近よ

く見られるが、電子取引に該当するため、電子帳簿保存法における電子取引データ保存の要件（電帳法7条）を満たす必要が生じる。電子インボイスの提供をした適格請求書発行事業者および電子インボイスの提供を受けた事業者ともに、電磁的記録の保存が必要である。

　電磁的記録として提供した事項に誤りがあった場合は、修正後の内容を再度提供しなければならない。

（2）保存の方法

　電磁的記録をそのまま保存するときの保存の方法としては、電子インボイスの提供をした適格請求書発行事業者および電子インボイスの提供を受けた事業者ともに、電子帳簿保存法の規定に準拠した一定の方法により保存する必要がある。

　具体的には、次の4つの要件を満たす必要がある（消規26条の8第1項）。

　① 　次のイからニのいずれかの措置を行うこと
　　イ 　適格請求書に係る電磁的記録を提供する前にタイムスタンプを付し、その電磁的記録を提供すること（電帳規4条1項1号）
　　ロ 　次に掲げる方法のいずれかにより、タイムスタンプを付すとともに、その電磁的記録の保存を行う者またはその者を直接監督する者に関する情報を確認することができるようにしておくこと（電帳規4条1項2号）
　　　・適格請求書に係る電磁的記録の提供後、速やかにタイムスタンプを付すこと
　　　・適格請求書に係る電磁的記録の提供からタイムスタンプを付すまでの各事務の処理に関する規程を定めている場合において、その業務の処理に係る通常の期間を経過した後、速やかにタイムスタンプを付すこと
　　　（補足注）タイムスタンプの付与期間は、スキャナ保存の取扱いと同様に、最長約2ヵ月とおおむね7営業日以内とされている。
　　ハ 　適格請求書に係る電磁的記録の記録事項について、次のいずれかの要件を満たす電子計算機処理システムを使用して適格請求書に係る電

　　磁的記録の提供およびその電磁的記録を保存すること（電帳規4条1
　　項3号）
　　　・訂正または削除を行った場合には、その事実および内容を確認する
　　　　ことができること
　　　・訂正または削除することができないこと
　ニ　適格請求書に係る電磁的記録の記録事項について正当な理由がない
　　訂正および削除の防止に関する事務処理の規程を定め、当該規程に沿っ
　　た運用を行い、当該電磁的記録の保存に併せて当該規程の備付けを行
　　うこと（電帳規4条1項4号）
② 適格請求書に係る電磁的記録の保存等に併せて、システム概要書の備
　付けを行うこと（電帳規2条2項1号、4条1項）
③ 適格請求書に係る電磁的記録の保存等をする場所に、その電磁的記録
　の電子計算機処理の用に供することができる電子計算機、プログラム、
　ディスプレイおよびプリンタならびにこれらの操作説明書を備え付け、
　その電磁的記録をディスプレイの画面および書面に、整然とした形式お
　よび明瞭な状態で、速やかに出力できるようにしておくこと（電帳規2
　条2項2号、4条1項）
④ 適格請求書に係る電磁的記録について、次の要件を満たす検索機能を
　確保しておくこと（電帳規2条6項6号、4条1項）[5]
　i　取引年月日その他の日付、取引金額および取引先を検索条件として
　　設定できること
　ii　日付または金額に係る記録項目については、その範囲を指定して条
　　件を設定することができること
　iii　二以上の任意の記録項目を組み合わせて条件を設定できること

（参考）　電帳法上の保存方法等については、国税庁ホームページに掲載さ
　　　　れている、「電子帳簿保存法取扱通達解説（趣旨説明)」や「電子帳
　　　　簿保存法一問一答」を参考とされたい。

5　国税に関する法律の規定による電磁的記録の提示または提出の要求に応じることができるよ
うにしているときはⅱおよびⅲの要件が不要となり、その判定期間に係る基準期間における売
上高が1,000万円以下の事業者が国税に関する法律の規定による電磁的記録の提示または提出の
要求に応じることができるようにしているときは検索機能のすべてが不要となる。

　上記の要件は、電子帳簿保存法における電子取引データ保存の要件（電帳法7条）そのものである。電子帳簿保存法への対応と同時並行的に準備を進めていくことが考えられる。

（3）電磁的記録の保存方法・保存形式

　電子帳簿保存法における保存要件の一つである「整然とした形式および明瞭な状態」での画面および書面への出力については、どの程度の表示が求められるのかが論点になる。この点、保存する電磁的記録は、XML形式等の取引情報に関する文字の羅列であっても、請求書等のフォーマットなどにより視覚的に確認・出力されるものについては、保存要件を満たすこととなる（電帳法一問一答【電子取引関係】問33参照）。

　具体的には、次の出力（印刷）イメージのように適格請求書であることが視覚的に確認でき、内容が記載事項のどの項目を示しているか認識できるものであれば、消費税法上は、必ずしも、適格請求書の記載事項を示す文言（「取引年月日」や「課税資産の譲渡等の税抜金額または税込金額を税率ごとに区分して合計した金額」という文言など）が必要となるものではない。要は、その記載事項（金額等）が一見して何を表しているかが明らかである場合には、当該記載事項に係る項目名（「取引年月日」や「課税資産の譲渡等の税抜金額または税込金額を税率ごとに区分して合計した金額」という文言など）が出力されていなくても問題ないという考え方である。

【出力（印刷）イメージ】

㈱○○　御中			XX 年 11 月 30 日
			△△商事㈱
			登録番号 T123…
			54,800
XX/11/1	ビール	課 10%	30,000
XX/11/1	缶詰	軽 8%	8,000
XX/11/9	ビール	課 10%	10,000
XX/11/9	缶詰	軽 8%	2,000
請求時消費税〈10%〉			4,000
請求時消費税〈8%〉			800
課税 10%　税込額			44,000
内消費税			4,000
課税 8%　税込額			10,800
内消費税			800

　保存する電磁的記録は、必ずしも、相手方に提供した電磁的記録そのものに限られるものではなく、取引内容が変更されるおそれのない合理的な方法により編集された電磁的記録により保存することも可能である（電帳法一問一答【電子取引関係】問35参照）。

　例えば相手方に提供する電磁的記録が PDF 形式であった場合、例えば、データベースからフォーマットに出力して PDF 形式の請求書を作成するといった、その PDF 形式が XML 形式の電磁的記録から取引内容が変更されるおそれがなく合理的な方法により編集されたものであれば、PDF 形式の基となった XML 形式の電磁的記録を保存することでも問題ない。

　なお、当該電磁的記録の保存に当たっては、相手方に提供した PDF 形式として出力できるなど、整然とした形式および明瞭な状態でディスプレ

イ等に出力できるようにしておく必要がある点に留意する必要がある。

（4）紙による保存の取扱い

　電子インボイスの提供をした適格請求書発行事業者および電子インボイスの提供を受けた事業者は、上記の方法に代えて、当該電磁的記録を出力することにより作成した書面（整然とした形式および明瞭な状態で出力したものに限る）を保存する方法によることができる。適格請求書に係る電磁的記録を紙に印刷して保存しようとするときには、整然とした形式および明瞭な状態で出力する必要がある（消規26条の8第2項）。

　消費税に限っては、所定の要件を満たした電子保存がない場合に仕入税額控除を認めないとしてしまうと、納税額に直結する影響が生じることから、紙の保存を認めているわけである。しかし、令和3年度税制改正により電子取引について所定の要件を満たした電子保存が義務づけられたことから、法人税については所定の要件を満たした電子保存に対応しなければならない点は言うまでもない。令和4年度税制改正により、2年間に限定した宥恕規定が設けられたため、令和6年1月1日以後の電子取引から所定の要件を満たした電子保存を行うことができるように準備を進める必要がある[6]。

（5）保存期間

　電磁的記録を提供した適格請求書発行事業者は、提供した日の属する課税期間の末日の翌日から2ヵ月を経過した日から7年間、納税地またはその取引に係る事務所、事業所その他これらに準ずるものの所在地に保存しなければならない（消法57条の4第6項、消令70条の13第1項、消規26条

6　令和5年度税制改正により、新たな猶予措置の創設がされる予定である。保存要件に従って保存することができないことについて「相当な理由」がある事業者に関しては、検索機能等の要件の充足状況にかかわらず、電子取引データをデータのまま保存できるものとされる。「相当な理由がある」の具体的な内容については、今後通達やQ&A等で明らかにされるものと思われる。

の8）。

　また、電子インボイスの提供を受けた事業者が仕入税額控除の適用を受けるためには、帳簿および請求書等を整理し、当該帳簿についてはその閉鎖の日の属する課税期間の末日の翌日、当該請求書等についてはその受領した日の属する課税期間の末日の翌日から2ヵ月を経過した日から7年間、これを納税地またはその取引に係る事務所、事業所その他これらに準ずるものの所在地に保存しなければならない（消令50条1項）。

9. 委託販売の取扱い

（1）代理交付および媒介者交付特例

　委託販売の場合、受託者が購入者に対して交付する請求書等の交付方法として、①代理交付と②媒介者交付特例による交付の2とおりがある。

①　代理交付

　委託販売の場合において、受託者が購入者に対して請求書を交付する実務がみられる。この場合、購入者に対して課税資産の譲渡等を行っているのは委託者であるから、本来、委託者が購入者に対して適格請求書を交付しなければならない。ただし、受託者が委託者を代理して、委託者の氏名または名称および登録番号を記載した、委託者の適格請求書を、相手方に交付することも認められる。これを「代理交付」という。

【インボイスの「代理交付」】

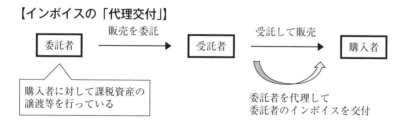

②　媒介者交付特例

　次の①および②の要件を満たすことにより、媒介または取次ぎを行う者

である受託者が、委託者の課税資産の譲渡等について、自己の氏名または名称および登録番号を記載した適格請求書または適格請求書に係る電磁的記録を、委託者に代わって、購入者に交付し、または提供することができる。これを「媒介者交付特例」という（消令70条の12第１項）。

① 委託者および受託者が適格請求書発行事業者であること
② 委託者が受託者に、自己が適格請求書発行事業者の登録を受けている旨を取引前までに通知していること（通知の方法としては、個々の取引の都度、事前に登録番号を書面等により通知する方法のほか、例えば、基本契約等により委託者の登録番号を記載する方法などがある（インボイス通達３－７））

【媒介者交付特例】

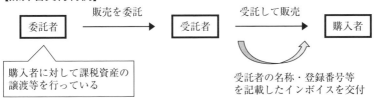

媒介者交付特例は、物の販売などを委託し、受託者が買手に商品を販売しているような取引だけではなく、請求書の発行事務や集金事務といった商品の販売等に付随する行為のみを委託しているような場合も対象となる。

なお、媒介者交付特例を適用する場合における受託者の対応および委託者の対応は、次のとおりである（消令70条の12第１項、３項、４項）。

【受託者の対応】
・交付した適格請求書の写しまたは提供した電磁的記録を保存する。
・交付した適格請求書の写しまたは提供した電磁的記録を速やかに委託者に交付または提供する。

【委託者の対応】
・自己が適格請求書発行事業者でなくなった場合、その旨を速やかに受託者に通知する。
・委託者の課税資産の譲渡等について、受託者が委託者に代わって適格請求書を交付していることから、委託者においても、受託者から交付された適格請求書の写しを保存する。

　なお、受託者が委託者に交付する適格請求書の写しについては、例えば、複数の委託者の商品を販売した場合や、多数の購入者に対して日々適格請求書を交付する場合などで、コピーが大量になるなど、適格請求書の写しそのものを交付することが困難な場合には、適格請求書の写しと相互の関連が明確な、精算書等の書類等を交付することで差し支えない。この場合には、交付した当該精算書等の写しを保存する必要がある（インボイス通達3-8）。

　精算書等の書類等には、適格請求書の記載事項のうち、「課税資産の譲渡等の税抜価額または税込価額を税率ごとに区分して合計した金額および適用税率」や「税率ごとに区分して合計した消費税額等」など、委託者の売上税額の計算に必要な一定事項を記載する必要がある。

【媒介者交付特例の取引図】

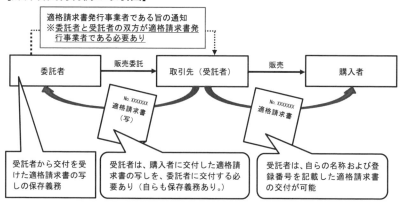

【受託者が委託者に適格請求書の写しとして交付する書類（精算書）の記載例】

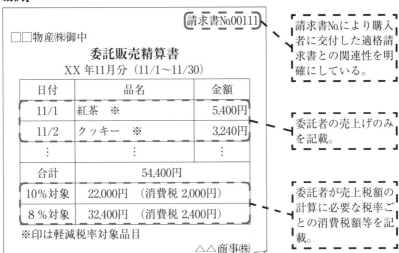

日付	品名	金額
11/1	紅茶　※	5,400円
11/2	クッキー　※	3,240円
⋮	⋮	⋮
合計	54,400円	
10%対象	22,000円　（消費税 2,000円）	
8%対象	32,400円　（消費税 2,400円）	

□□物産㈱御中

請求書№.00111

委託販売精算書
XX 年11月分 （11/1～11/30）

※印は軽減税率対象品目

△△商事㈱

請求書№により購入者に交付した適格請求書との関連性を明確にしている。

委託者の売上げのみを記載。

委託者が売上税額の計算に必要な税率ごとの消費税額等を記載。

（2）複数の委託者から委託を受ける場合の取扱い

① 媒介者交付特例の場合

　媒介者交付特例の適用により、複数の委託者に係る商品を一の売上先に販売した場合であっても、1枚の適格請求書により交付を行うことが可能である。この場合、適格請求書の記載事項である課税資産の譲渡等の税抜価額または税込価額は、委託者ごとに記載し、消費税額等の端数処理についても委託者ごとに行うことが原則となる。

　ただし、受託者が交付する適格請求書単位で、複数の委託者の取引を一括して記載し、消費税額等の端数処理を行うことも差し支えないとされている（適格請求書Q&A・問42）。

　この場合、受託者が各委託者に適格請求書の写しに替えて交付する精算書等に記載する消費税額等の合計額と、売上先に交付した適格請求書に記載した消費税額等とが必ずしも一致しないことも生じ得るが、各委託者の税込対価の合計額から消費税額等を計算するなど、合理的な方法によるこ

ととしている場合には問題ない。

　また、委託者に適格請求書発行事業者とそれ以外の者が混在していたと
しても、適格請求書発行事業者とそれ以外の者とに区分することにより、
適格請求書発行事業者に係るもののみを適格請求書とすることができる。

【媒介者交付特例により各委託者の取引について１枚の適格請求書を交付する場合の記載例】

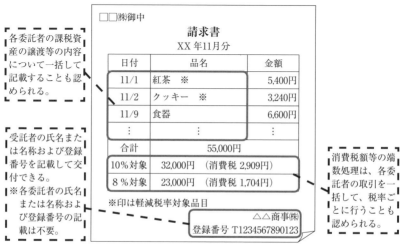

各委託者の課税資産の譲渡等の内容について一括して記載することも認められる。

受託者の氏名または名称および登録番号を記載して交付できる。
※各委託者の氏名または名称および登録番号の記載は不要。

□□㈱御中

請求書
XX 年11月分

日付	品名	金額
11/1	紅茶 ※	5,400円
11/2	クッキー ※	3,240円
11/9	食器	6,600円
⋮	⋮	⋮
合計	55,000円	
10％対象	32,000円 （消費税 2,909円）	
8％対象	23,000円 （消費税 1,704円）	

※印は軽減税率対象品目

△△商事㈱
登録番号 T1234567890123

消費税額等の端数処理は、各委託者の取引を一括して、税率ごとに行うことも認められる。

【受託者が委託者に適格請求書の写しとして交付する書類（精算書）の記載例（一括記載の場合）】

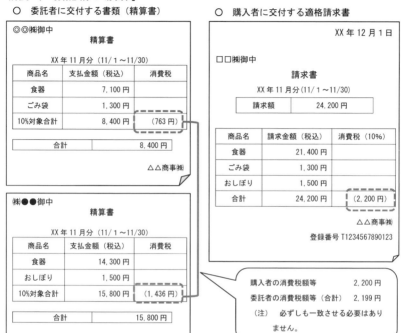

○　委託者に交付する書類（精算書）

◎◎㈱御中
精算書
XX 年 11 月分（11/1～11/30）

商品名	支払金額（税込）	消費税
食器	7,100 円	
ごみ袋	1,300 円	
10%対象合計	8,400 円	（763 円）

合計	8,400 円

△△商事㈱

㈱●●御中
精算書
XX 年 11 月分（11/1～11/30）

商品名	支払金額（税込）	消費税
食器	14,300 円	
おしぼり	1,500 円	
10%対象合計	15,800 円	（1,436 円）

合計	15,800 円

△△商事㈱

○　購入者に交付する適格請求書

XX 年 12 月 1 日

□□㈱御中
請求書
XX 年 11 月分(11/1～11/30)

請求額	24,200 円

商品名	請求金額（税込）	消費税（10%）
食器	21,400 円	
ごみ袋	1,300 円	
おしぼり	1,500 円	
合計	24,200 円	（2,200 円）

△△商事㈱

登録番号 T1234567890123

購入者の消費税額等　　　　　　2,200 円
委託者の消費税額等（合計）　　2,199 円
（注）　必ずしも一致させる必要はありません。

②　代理交付の場合

　受託者（代理人）が複数の委託者（被代理人）の取引について代理して適格請求書を交付する場合は、各委託者の氏名または名称および登録番号を記載する必要がある。複数の委託者の取引を一括して請求書に記載して交付する場合、委託者ごとに課税資産の譲渡等の税抜価額または税込価額を記載し、消費税額等も委託者ごとに計算し、端数処理を行わなければならない。

【代理交付により複数の委託者の取引を記載して交付する場合の記載例】

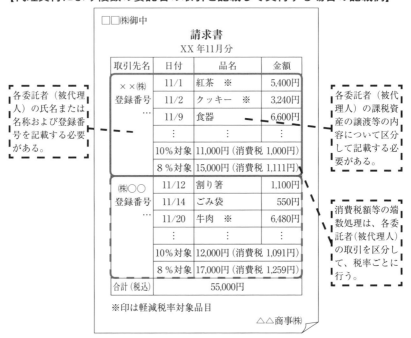

各委託者（被代理人）の氏名または名称および登録番号を記載する必要がある。

各委託者（被代理人）の課税資産の譲渡等の内容について区分して記載する必要がある。

消費税額等の端数処理は、各委託者（被代理人）の取引を区分して、税率ごとに行う。

□□㈱御中

請求書
XX 年11月分

取引先名	日付	品名	金額
××㈱ 登録番号…	11/1	紅茶 ※	5,400円
	11/2	クッキー ※	3,240円
	11/9	食器	6,600円
	⋮	⋮	⋮
	10％対象	11,000円（消費税 1,000円）	
	8％対象	15,000円（消費税 1,111円）	
㈱○○ 登録番号…	11/12	割り箸	1,100円
	11/14	ごみ袋	550円
	11/20	牛肉 ※	6,480円
	⋮	⋮	⋮
	10％対象	12,000円（消費税 1,091円）	
	8％対象	17,000円（消費税 1,259円）	
合計（税込）		55,000円	

※印は軽減税率対象品目

△△商事㈱

（3）委託販売の手数料に係る委託者の取扱い

　委託販売に係る委託者においては、受託者が委託商品の譲渡等をしたことに伴い収受したまたは収受すべき金額が委託者における資産の譲渡等の金額となる。ただし、軽減税率の適用対象とならない課税資産の譲渡等のみを行うことを委託している場合には、その課税期間中に行った委託販売等のすべてについて、その資産の譲渡等の金額から受託者に支払う委託販売手数料を控除した残額を委託者における資産の譲渡等の金額とすることも例外的に認められている（消基通10－1－12、軽減通達16）。

　適格請求書等保存方式の下では、行った課税仕入れについて仕入税額控除の適用を受けるためには、原則として、受託者から交付を受けた適格請求書等の保存が必要となる。したがって、その資産の譲渡等の金額から受託者に支払う委託販売手数料（課税仕入れ）を控除した残額を委託者にお

ける資産の譲渡等の金額とするためには、当該委託販売手数料に係る適格
請求書等の保存が必要となる点に留意しなければならない。

【標準税率のみである場合に委託者に認められる処理】

| 委託者 | 受託者 | 購入者 |

譲渡等に伴い収受した金額（A）　　譲渡等に伴い収受した金額

受託者に支払う手数料（B）

委託者において、A−Bを資産の譲渡等の金額とすることが認められる。
（委託販売手数料に係る適格請求書等の保存は必要）

（4）委託販売の手数料に係る受託者の取扱い

　委託販売に係る受託者においては、委託者から受ける委託販売手数料が
役務の提供の対価となる。ただし、委託者から軽減税率の適用対象となら
ない課税資産の譲渡等のみを行うことを委託されている場合、委託された
商品の譲渡等に伴い収受したまたは収受すべき金額を課税資産の譲渡等の
金額とし、委託者に支払う金額を課税仕入れに係る金額とすることも例外
的に認められている（消基通10−1−12）。

　適格請求書等保存方式の下においても、委託された商品の販売が軽減税
率の適用対象でない場合には、引き続き、委託された商品の譲渡等に伴い
収受したまたは収受すべき金額を課税資産の譲渡等の金額とし、委託者に
支払う金額を課税仕入れに係る金額とすることができる。

　この場合、委託者に支払う金額に係る課税仕入れに関し、適格請求書等
の保存は不要である。

【標準税率のみである場合に受託者に認められる処理】

| 委託者 | 受託者 | 購入者 |

委託者に支払う金額　　　　　譲渡等に伴い収受した金額

| 課税仕入れ | | 課税売上げ |

（適格請求書等の保存は不要）

10. 任意組合等の適格請求書等の交付

　民法上の任意組合、投資事業有限責任組合、有限責任事業組合または外国の法令に基づいて設立された団体等であってこれらの組合に類似するもの（以下、「任意組合等」という）については、当該任意組合等の事業として国内において行った課税資産の譲渡等につき適格請求書もしくは適格簡易請求書または適格請求書の記載事項に係る電磁的記録を交付または提供してはいけない（消法57条の6第1項本文）。

　ただし、その組合員全員が適格請求書発行事業者であることについて、その旨を記載した届出書「任意組合等の組合員の全てが適格請求書発行事業者である旨の届出書」を当該任意組合等の業務を執行する政令で定める者（業務執行組合員）[7]が、財務省令で定める事項を記載した届出書に、組合契約の契約書その他これに類する書類の写しを添付し、これを当該業務執行組合員の納税地を所轄する税務署長に提出した場合に限り、適格請求書もしくは適格簡易請求書または適格請求書の記載事項に係る電磁的記録を交付または提供することができる（消法57条の6第1項ただし書き、消令70条の14第1項、2項、消規26条の9第1項）。

7　任意組合の業務執行者（複数あるときは1人、業務執行者が存在しない場合は1人の組合員）、投資事業有限責任組合の業務を執行する無限責任組合員（複数あるときは1人）、有限責任事業組合の業務を執行する会計帳簿の作成を行う組合員である（消令70条の14第1項）。

　「任意組合等の組合員の全てが適格請求書発行事業者である旨の届出書」
の様式は、次のとおりである。

第5号様式

任意組合等の組合員の全てが適格請求書発行事業者である旨の届出書

収受印		（フリガナ）	
令和　年　月　日	届出者	納　税　地	（〒　　－　　） 　 　　　　　　　　　　（電話番号　　　－　　　－　　　）
		（フリガナ）	
		氏　名　又　は 名　称　及　び 代　表　者　氏　名	
		法　人　番　号	※　個人の方は個人番号の記載は不要です。
_____税務署長殿		登　録　番　号	T

　下記のとおり、任意組合等の組合員の全てが適格請求書発行事業者であるので、消費税法第57条の6第1項の規定により届出します。

（フリガナ）	
任意組合等の名称	
（フリガナ）	
任意組合等の 事務所等の所在地	

	氏　名　又　は　名　称	登　　録　　番　　号
届出者以外の 全ての組合員の 氏名又は名称 及び登録番号		T
		T
		T
		T
		T

事　業　内　容	
存　続　期　間	自　令和　　年　　月　　日　至　令和　　年　　月　　日
参　考　事　項	
税　理　士　署　名	（電話番号　　　－　　　－　　　）

※税務署処理欄	整　理　番　号		部　門　番　号		通　信　日　付　印 年　月　日	確認	
	届出年月日	年　月　日	入　力　処　理	年　月　日	番　号　確　認		

注意　1　記載要領等に留意の上、記載してください。
　　　2　税務署処理欄は、記載しないでください。
　　　3　任意組合等に係る組合契約の契約書その他これに類する書類の写しを添付してください。

　上記の届出書を提出した場合は、任意組合等のいずれかの組合員が適格請求書等を交付することができ、その写しの保存は、適格請求書等を交付した組合員が行うことになる。また、適格請求書等に記載する適格請求書発行事業者の氏名または名称および登録番号の箇所は、当該任意組合等のいずれかの組合員の氏名または名称および当該組合員の登録番号ならびに当該任意組合等の名称を記載することでよい（消令70条の14第5項）。

　この届出書を提出した任意組合等が、①適格請求書発行事業者以外の事業者を新たに組合員として加入させた場合、または②当該任意組合等の組合員のいずれかが適格請求書発行事業者でなくなったときは、その該当することとなった日以後に行う課税資産の譲渡等については、適格請求書を交付することができなくなる（同条2項）。これらの場合に該当することとなったときは、業務執行組合員が速やかに所轄税務署長に「任意組合等の組合員が適格請求書発行事業者でなくなった旨等の届出書」を提出しなければならない（消法57条の6第2項）。

　「任意組合等の組合員が適格請求書発行事業者でなくなった旨等の届出書」の様式は、次のとおりである。

第6号様式

任意組合等の組合員が適格請求書
発行事業者でなくなった旨等の届出書

令和　年　月　日	届 出 者	（フリガナ）	
		納　税　地	（〒　　－　　　）
			（電話番号　　　－　　　－　　　）
		（フリガナ）	
		氏　名　又　は 名　称　及　び 代　表　者　氏　名	
＿＿＿＿＿　税務署長殿		法　人　番　号	※　個人の方は個人番号の記載は不要です。

　下記のとおり、組合員の全てが適格請求書発行事業者である任意組合等でなくなったので、消費税法第57条の6第2項の規定により届出します。

（フリガナ） 任 意 組 合 等 の 名 称	
（フリガナ） 任 意 組 合 等 の 事 務 所 等 の 所 在 地	
届　出　理　由 が　生　じ　た　日	令和　　　年　　　月　　　日
届　出　理　由	□　適格請求書発行事業者以外の事業者を新たに組合員として加入させたため □　組合員のいずれかが適格請求書発行事業者でなくなったため
任意組合等の組合員の全てが 適格請求書発行事業者である 旨の届出書を提出した日	令和　　　年　　　月　　　日
参　　考　　事　　項	
税　理　士　署　名	（電話番号　　　－　　　－　　　）

※税務署処理欄	整 理 番 号		部 門 番 号		
	届出年月日	年　月　日	入 力 処 理	年　月　日	番 号 確 認

注意　1　記載要領等に留意の上、記載してください。
　　　2　税務署処理欄は、記載しないでください。

　また、届出書に記載した事項に変更があったときは、その旨を記載した届出書に、組合契約の契約書その他これに類する書類の写しを添付し、速やかに、これを当該業務執行組合員の納税地を所轄する税務署長に提出しなければならない（消令70条の14第3項、消規26条の9第2項）。

　なお、任意組合等が解散し、かつ、清算結了した場合には、清算人はその旨を記載した届出書を当該業務執行組合員の納税地を所轄する税務署長に提出しなければならない（消令70条の14第4項）。

11. 共有資産の譲渡等

　適格請求書発行事業者と適格請求書発行事業者以外の者が共有している資産の譲渡や貸付けがあったときの取扱いが問題となる。適格請求書発行事業者が適格請求書発行事業者以外の者と資産を共有している場合、その資産の譲渡や貸付けについては、所有者ごとに取引を合理的に区分し、相手方の求めがある場合には、適格請求書発行事業者の所有割合に応じた部分について、適格請求書を交付しなければならない（インボイス通達3－5）。

第6章

適格請求書等保存方式における仕入税額控除の要件

適格請求書等保存方式の下では、一定の事項が記載された帳簿および請求書等の保存が、仕入税額控除の要件となる。帳簿のみの保存により仕入税額控除が認められる取引、仕入税額控除の要件を満たす請求書等、立替金の取扱い、口座振替・口座振込の場合の取扱いなどを解説する。

1. 帳簿の記載事項

　適格請求書等保存方式における帳簿の記載事項は、次のとおりである（消法30条8項1号ハ）。区分記載請求書等保存方式における帳簿の記載事項と同様である。適格請求書等保存方式の段階で追加される項目はない。

　ただし、免税事業者等からの仕入れについて、例えば「80％控除対象」または「50％控除対象」のように、経過措置の適用を受ける旨の記載が必要となるし、次項で説明する帳簿のみの保存により仕入税額控除が認められる9つの取引については、「帳簿のみの保存により仕入税額控除が認められるいずれかの仕入れに該当する旨」および「仕入れの相手方の住所または所在地（一定の者を除く）」の記載が必要となる点に留意しなければならない。

帳簿の記載事項

> ・課税仕入れの相手方の氏名または名称
> ・課税仕入れを行った年月日
> ・課税仕入れに係る資産または役務の内容（軽減税率対象品目である場合には、資産の内容および軽減税率対象品目である旨）
> ・課税仕入れに係る支払対価の額（消費税額および地方消費税額がある場合には、その額を含む。ただし、税込価額によらず税抜価額および消費税額等の記載でもよい）

　課税仕入れが軽減税率対象品目に係るものである場合には、帳簿に記載すべき事項として「軽減税率対象品目である旨」が必要である。軽減税率対象品目については、軽減税率の対象であることがわかるように、「軽減」等と省略して記載してもよいし、事業者が定めた記号等を付す等の対応でもよい。

2. 帳簿のみの保存により仕入税額控除が認められる取引

　現行の制度では、課税仕入れに係る支払対価の額の合計額が3万円未満

である場合に帳簿のみの保存により仕入税額控除が認められる特例が置かれている（消法30条7項、消令49条1項）。

　適格請求書等保存方式の下では、この3万円特例は廃止され、「支払対価の額の合計額が少額である場合」に代えて「請求書等の交付を受けることが困難である場合」とされた。「請求書等の交付を受けることが困難である場合」には、当該課税仕入れを行った事業者において適格請求書等の保存を要せず、一定の事項が記載された帳簿のみの保存により仕入税額控除が認められる（消法30条7項）。課税仕入れに係る支払対価の額の合計額が3万円未満である場合に一律帳簿のみの保存により仕入税額控除が認められる現行の措置については、廃止される。

　帳簿のみの保存により仕入税額控除が認められる取引は、具体的には次の9つである（消令49条1項、消規15条の4）。限定列挙であると解される。

帳簿のみの保存により仕入税額控除が認められる取引

① 公共交通機関である船舶、バスまたは鉄道による旅客の運送として行われるもの（3万円未満のものに限る）[1]（公共交通機関特例）
② 適格簡易請求書の要件を満たす入場券等が使用の際に回収されるもの（入場券等回収特例）
③ 古物営業を営む者が適格請求書発行事業者でない者から買い受けるもの
④ 質屋を営む者が適格請求書発行事業者でない者から買い受けるもの
⑤ 宅地建物取引業を営む者が適格請求書発行事業者でない者から買い受けるもの
⑥ 適格請求書発行事業者でない者から再生資源または再生部品を買い受

1　3万円未満の公共交通機関による旅客の運送かどうかは、1回の取引の税込価額が3万円未満かどうかで判定する（インボイス通達3－9）。したがって、1商品（切符1枚）ごとの金額や、月まとめ等の金額で判定することはない。3人分の運送役務の提供を行う場合には、3人分の金額で判定することとなる。
　なお、急行料金や寝台料金は、旅客の運送に直接的に付帯する対価として、この特例の対象になる。一方、入場料金や手回品料金は、旅客の運送に直接的に付帯する対価ではないため、特例の対象にはならない（インボイス通達3－10）。

けるもの
⑦ 自動販売機または自動サービス機からのもの（3万円未満のものに限る）（自動販売機・自動サービス機特例）
⑧ 郵便切手類のみを対価とする郵便の役務および貨物の運送（郵便ポストに差し出された郵便物および貨物に係るものに限る）
⑨ 従業員等に支給する通常必要と認められる出張旅費等（出張旅費、宿泊費、日当および通勤手当）[2]（出張旅費等特例）
※上記の③から⑥については、買い受ける者の棚卸資産に該当する場合に限る。

帳簿のみの保存により仕入税額控除が認められる場合、帳簿に上記の課税仕入れのいずれかに該当する旨および当該課税仕入れの相手方の住所または所在地（一定の者を除く）を記載することが必要である（消令49条1項1号かっこ書き）。すなわち、帳簿の記載事項について、通常必要な記載事項に加え、次の事項の記載が必要となる点に留意する必要がある。

・帳簿のみの保存により仕入税額控除が認められるいずれかの仕入れに該当する旨
　例：①に該当する場合、「3万円未満の鉄道料金」または「公共交通機関特例」
　　　②に該当する場合、「入場券等」または「入場券等回収特例」
　　　⑦に該当する場合、「自動販売機特例」または「自動販売機・自動サービス機特例」
　　　⑧に該当する場合、「郵便物・貨物サービス特例」
　　　⑨に該当する場合、「出張旅費等特例」
・仕入れの相手方の住所または所在地（一定の者を除く）

帳簿に仕入れの相手方の住所または所在地の記載が不要な一定の者は、

2　出張旅費、宿泊費、日当については、所得税基本通達9−3により所得税が非課税となる範囲内で認められ、通勤手当については通勤に通常必要と認められるものであればよく、所得税法施行令20条の2に規定される非課税とされる通勤手当の金額を超えているかどうかは問わない（インボイス通達4−9、4−10、適格請求書Q&A・問95、96）。

次のとおりである（インボイス通達4－7）。

> イ　適格請求書の交付義務が免除される3万円未満の公共交通機関（船舶、バスまたは鉄道）による旅客の運送について、その運送を行った者
> ロ　適格請求書の交付義務が免除される郵便役務の提供について、その郵便役務の提供を行った者
> ハ　課税仕入れに該当する出張旅費等（出張旅費、宿泊費、日当および通勤手当）を支払った場合の当該出張旅費等を受領した使用人等
> ニ　先の③から⑥の課税仕入れ（③から⑤に係る課税仕入れについては、古物営業法、質屋営業法または宅地建物取引業法により、業務に関する帳簿等へ相手方の氏名および住所を記載することとされているもの以外のものに限り、⑥に係る課税仕入れについては、事業者以外の者から受けるものに限る）を行った場合の当該課税仕入れの相手方

（1）旅費交通費（公共交通機関特例、入場券等回収特例、出張旅費等特例）の取扱い

　出張旅費等については、①会社が経費の支払先に直接支払う場合、②従業員等が支払う（または支払った）ものについて会社が従業員等に実費相当額を直接支払う場合の2とおりが考えられる。

①　会社が経費の支払先に直接支払う場合

　会社が出張旅費等を経費の支払先に直接支払う場合、原則として、会社宛の適格請求書等を入手する必要があるが、3万円未満の公共交通機関特例の適用を受けるものであれば、帳簿のみの保存により仕入税額控除が認められる。その場合は、適格請求書等をあえて入手しなくてもよいことになる。なお、3万円以上の公共交通機関運賃については、適格請求書等の入手が必要になる。入場券等回収特例は、適格簡易請求書の記載事項を満たしたものが前提になっているため、乗車券については要件を満たせないものも多いと思われる。

　ただし、3万円以上の公共交通機関運賃であっても、会社が従業員等に対して直接実費相当額を支払うのであれば、出張旅費等特例により、帳簿

の保存のみにより仕入税額控除ができると考えられる。経費の支払先が公共交通機関やホテル等宛なのか、従業員等宛なのかという区別で判断される。この点は、次項で解説する。

　一方、会社が航空会社、ホテル等に直接支払う場合、適格請求書等の交付を受ける必要が生じる。この場合は、適格簡易請求書でよいケースが多いと考えられる。

　ただし、これについても、出張に必要な航空券代やホテル代等の実費相当額を、会社が従業員等に対して直接支払う場合は、出張旅費等特例により、帳簿の保存のみにより仕入税額控除ができると考えられる。この点は、次項で解説する。

② **会社が従業員等に実費相当額を直接支払う場合**

　会社が出張旅費等の実費相当額を従業員等に直接支払う場合には、課税仕入れの相手方は従業員等となり、「その旅行に通常必要であると認められる部分」の金額については、「出張旅費等特例」により、帳簿のみの保存により仕入税額控除が認められる。

　あくまでも会社が従業員等に支払うことが前提であるため、会社が航空会社やホテルに支払うものは出張旅費等特例の対象外である点に留意する必要がある。

③ **会社が経費の支払先に支払う前提の下で、従業員等が立て替えるケース**

　従業員等が出張に必要な航空券代やホテル代を支払う場合、会社がその実費相当額を従業員等に支払う限り、出張旅費等特例の対象になる。

　一方、あえて出張旅費等特例を使わないで、会社が経費の支払先に支払うものを従業員等が立て替えて支払ったに過ぎないという整理も可能ではある。この考え方に沿って処理する場合は、出張旅費等特例は使えないため、従業員等との間で従業員等が作成した立替金精算書に基づいて会社と従業員等との間で立替金の精算を行うという実務も成り立つ。この場合の領収書等の宛名は会社ではなく従業員等でも構わないということになる。もっとも従業員等が会社宛の領収書等を入手し、会社にその領収書等を交

付した場合は、立替金精算書がなくても、会社において仕入税額控除はできると考えられる。一見出張旅費等特例を使った方が、実務負担が少ないように見えるが、会社と従業員等との間で立替金の精算を行う実務が従来から定着しており、システム化されている会社も多く、特段負担が重いというわけでもないと思われる。

この「立替金精算書」は、従業員宛の適格請求書が会社のものであることを明らかにするためのものであり、具体的な記載事項や様式などは明らかにされていないが、経費精算で利用されている一般的な出張旅費の精算書（従業員名、支払日、支払内容および支払金額等が記載）で差し支えない。このため、インボイス制度に移行しても、これまで通りの経費精算実務が継続できるものと考えられる。

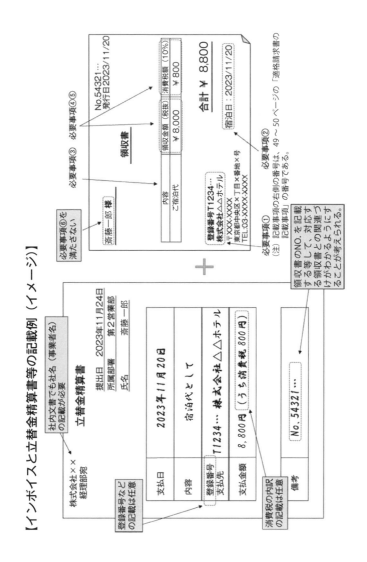

[インボイスと立替金精算書等の記載例（イメージ）]

なお、立替金精算書を紙ではなく、会社の入出力システム（立替金の精算を行うためのシステム）に従業員が必要事項を入力して、会社との間で精算を行っている場合、当該システムを見れば会社と従業員との間の立替金の精算の内容が確認できるため、インボイス制度の導入後においても、改めて紙の立替金精算書を作成してそれを保存する必要はないと考えられ

る。その場合は、システム上、（領収書ナンバーが表示されるなど）領収書等との関連がわかるようにすることが考えられる。

　この「出張旅費等特例」には、公共交通機関特例のような金額基準はなく「その旅行に通常必要であると認められる部分」の金額であれば、３万円以上であっても帳簿のみの保存により仕入税額控除が認められる。適用するには、通常の記載事項に加え、帳簿に「出張旅費等特例」などと記載することが必要である。

　なお、「その旅行に通常必要であると認められる部分」については、所得税基本通達９−３《非課税とされる旅費の範囲》に基づき判定される。

　出張旅費等特例については、一律支給ではなく、実費相当額での支給を行っている場合には、適用できないのではないかと心配する声もある。しかし、その支給額がその都度の実費相当額であったとしても、旅費規程等に基づいて会社が従業員に出張旅費を支給しているのであれば、出張旅費等特例を適用することができる。

　例えば、新幹線には、クレジットカードと交通系 IC カードを登録し、登録した交通系 IC カードでチケットレス乗車ができるサービスがある。このサービスでは、新幹線改札機に交通系 IC カードをタッチすると、乗車日・運賃・乗車区間・列車・座席などの情報が記載された「利用票」が出てくるため、従業員が自分のクレジットカードを使ってこのサービスを利用する場合、領収書等は取得させず、精算の際は、この「利用票」を証憑として新幹線運賃相当額の支給を行っている会社も多い。この場合も、実費相当額の支給が行われているが、会社が、出張旅費として新幹線の運賃相当額を従業員に支給しているのであれば、出張旅費等特例を適用することができる。

　以上の旅費交通費の取扱いの全体をまとめると、次の表のとおりである。

旅費交通費の取扱い

	会社が経費の支払先に直接支払う場合	会社が従業員等に実費相当額を直接支払う場合
課税仕入れの相手方	公共交通機関等	従業員等
インボイスの要否	原則、会社宛のインボイス必要 ただし、従業員宛のインボイス＋従業員の作成した立替金精算書でもOK	インボイスは不要
帳簿のみ保存の特例（インボイス不要）	・公共交通機関特例（３万円未満の公共交通機関運賃）→帳簿に公共交通機関特例である旨を記載 ・入場券等回収特例（３万円以上の公共交通機関運賃（券回収））→帳簿に入場券等回収特例である旨および仕入れの相手方（公共交通機関）の所在地の記載が必要[3]	・出張旅費等特例（金額基準なし）「その旅行に通常必要であると認められる部分」[(注)]の金額については、帳簿のみの保存により仕入税額控除が認められる。→帳簿に出張旅費等特例である旨を記載 (注)所得税基本通達９−３《非課税とされる旅費の範囲》に基づき判定

（参考）所得税基本通達９−３

（非課税とされる旅費の範囲）
　所得税法第９条第１項第４号の規定により非課税とされる金品は、同号に規定する旅行をした者に対して使用者等からその旅行に必要な運賃、宿泊料、移転料等の支出に充てるものとして支給される金品のうち、その旅行の目的、目的地、行路もしくは期間の長短、宿泊の要否、旅行者の職務内容および地位等からみて、その旅行に通常必要とされる費用の支出に充てられると認められる範囲内の金品をいうのであるが、当該範囲内の金品に該当するかどうかの判定に当たっては、次に掲げる事項を勘案するものとする。
⑴　その支給額が、その支給をする使用者等の役員および使用人のすべて

3　ただし、入場券等回収特例は、乗車券が適格簡易請求書の記載事項を満たしていることが前提となるため、要件を満たせるケースは限定されるように思われる。

を通じて適正なバランスが保たれている基準によって計算されたもので
あるかどうか。

⑵ その支給額が、その支給をする使用者等と同業種、同規模の他の使用
者等が一般的に支給している金額に照らして相当と認められるものであ
るかどうか。

③ 公共交通機関特例と出張旅費等特例との区別（使い分け）

公共交通機関特例と出張旅費等特例との区別（使い分け）であるが、例
えば近郊の日帰り出張については３万円未満の公共交通機関運賃しか発生
しないことが考えられる。その場合は、公共交通機関特例を適用し、帳簿
に公共交通機関特例である旨を記載する対応が実務的に簡便である。従業
員等から、支払日時、支払額、利用区間等の報告を受け、それに基づいて
処理することが考えられる。

一方、遠隔地の出張の場合、出張旅費、日当、宿泊費について、従業員
等が出張旅費等に係る立替金精算書を作成し、経理部との間で精算の事務
が行われるのが通常である。この場合は、出張旅費等特例を適用し、帳簿
に出張旅費等特例である旨を記載することにより、帳簿のみの保存により
仕入税額控除の適用が認められる。

支払の相手先が従業員等のみである場合は、近郊の出張であれ遠隔地の
出張であれ、一律出張旅費等特例を適用することができる。出張旅費等特
例は、支払先が従業員等であることを前提とした取扱いである点に留意す
る必要がある。したがって、会社が、航空会社、ホテル等に直接支払う場
合は、適格請求書等を入手する必要がある。

このような処理フローを想定しておいて、あらかじめ従業員等に対し
て、ケースに応じた事務処理方法を経理部から周知しておく対応が考えら
れる。

（2）自動販売機・自動サービス機特例の取扱い

自動販売機・自動サービス機特例の対象となる「自動販売機または自動

サービス機からのもの（3万円未満のものに限る）」とは、代金の受領と資産の譲渡等が自動で行われる機械装置であって、その機械装置のみで、代金の受領と資産の譲渡等が完結するものをいう（インボイス通達3－11）。

　したがって、例えば自動販売機による飲食料品の販売のほか、コインロッカーやコインランドリー、金融機関のATMによる手数料を対価とする入出金サービスや振込サービス等のように機械装置のみにより代金の受領と資産の譲渡等が完結するものが該当する。

　なお、ネットバンキングによる振込は、自動販売機・自動サービス機特例の対象外である。自動販売機・自動サービス機特例の対象となるのは、代金の受領と資産の譲渡等がその機械装置のみにより自動で完結するものをいう。金融機関のATMによる振込サービスは同特例の対象になるが、ネットバンキングのように機械装置のみで代金の受領と資産の譲渡等が完結しないものは対象外である（適格請求書Q&A・問40）。したがって、ネットバンキングで振込を行う場合の振込手数料は、原則どおり、一定の事項が記載された帳簿および適格請求書等の保存がなければ仕入税額控除の適用が認められない。

　また、コインパーキングや自動券売機のように代金の受領と券類の発行はその機械装置で行われるものの資産の譲渡等は別途行われるようなものは対象外である。

　なお、帳簿に記載する課税仕入れの相手方の所在地であるが、本来は課税仕入れの相手方である資産の譲渡等を行った事業者の所在地を記載すべきであるが、自動販売機の設置場所を記載する対応でも問題はない。課税仕入れの相手方である資産の譲渡等を行った事業者の所在地または自動販売機の設置場所のいずれかを記載すれば問題ないと考えられる。自動販売機の設置場所を記載する場合は、「東京都○○区　自動販売機」、「○○県○○市　自動販売機」、「○○銀行○○支店ATM」のように記載すること

が考えられる[4]。

（3）郵便切手類のみを対価とする郵便サービス・貨物サービス（郵便ポストに差し出された郵便物および貨物に係るものに限る）

郵便ポストに投函される郵便物・貨物に係る郵便サービス・貨物サービスであるため、サービスの提供側とサービスを受ける側との接触がない。適格請求書を交付することが困難であることは明らかである。したがって、適格請求書の交付義務が免除される。

なお、帳簿に郵便役務の提供を行った者の所在地を記載する必要はない。

3. 小規模事業者における請求書等の保存に係る特例措置

令和5年度税制改正により、小規模事業者に配慮する観点から、次の措置が講じられる予定である。

基準期間における課税売上高が1億円以下である事業者が、令和5年10月1日から令和11年9月30日までの間に国内において行う課税仕入れについて、その課税仕入れに係る支払対価の額が1万円未満である場合は、一定の事項が記載された帳簿のみの保存により仕入税額控除が認められる。

1回の取引の課税仕入れに係る税込みの金額が1万円未満かどうかで判定するため、課税仕入れに係る1商品ごとの税込金額によるものではない。一の課税仕入れで複数の商品を仕入れた場合、当該課税仕入れに係る1商品ごとの税込金額によるものではない点に留意する必要がある。その点については、現行の下記の通達が参考になる。

消基通11-6-2（支払対価の額の合計額が3万円未満の判定単位）

消費税法施行令第49条第1項第1号《課税仕入れ等の税額の控除に係る帳簿等の記載事項等》に規定する「課税仕入れに係る支払対価の額の合計額

4　町名、番地や号まで記載する必要はない。

　が3万円未満である場合」に該当するか否かは、一回の取引の課税仕入れ
　に係る税込みの金額が3万円未満かどうかで判定するのであるから、課税
　仕入れに係る一商品ごとの税込金額等によるものではないことに留意する。

4. 仕入税額控除の要件を満たす請求書等

（1）仕入税額控除の要件を満たす請求書等

①　仕入税額控除の要件を満たす請求書等

　先の「2.帳簿のみの保存により仕入税額控除が認められる取引」に掲げ
る場合を除き、次に掲げるもののいずれかの保存が、課税仕入れに係る仕
入税額控除の要件とされる。

仕入税額控除の要件を満たす請求書等

　イ　適格請求書
　ロ　適格簡易請求書
　ハ　適格請求書の記載事項に係る電磁的記録（電子インボイス）
　ニ　事業者が課税仕入れについて作成する仕入明細書、仕入計算書等の書
　　　類で、適格請求書の記載事項が記載されているもの
　ホ　媒介または取次ぎに係る業務を行う者（卸売市場、農業協同組合、漁
　　　業協同組合または森林組合等）が、委託を受けて行う農水産品の譲渡等
　　　について作成する一定の書類

　上記イからニまでについては、「第4章　適格請求書等保存方式におけ
る帳簿・請求書等」および「第5章　適格請求書等の交付・保存等」を参
照されたい。

　以下、ホについて、説明する。

②　せり売りの場合の特例（取次事業者発行の請求書による代替）

　上記ホについては、卸売市場においてせり売りまたは入札の方法により
行われる課税資産の譲渡等その他の媒介または取次ぎに係る業務を行う者
を介して行われる課税資産の譲渡等のうち、卸売市場において卸売の業務
として行われる生鮮食料品等の譲渡、農業協同組合、漁業協同組合、森林

組合が、組合員その他の構成員から販売の委託（販売条件を付さず、販売代金の精算が行われるものに限る）を受けて行われる農林水産物の譲渡（農林水産物の譲渡を行う者を特定せずに行われるものに限る）が該当する（消令49条5項、消規26条の5）。書類に記載すべき事項は、次のとおりである（消令49条6項）。

- ・書類作成者の氏名または名称
- ・課税資産の譲渡等を行った年月日（課税期間の範囲内で一定の期間内に行った課税仕入れにつきまとめて作成する場合には、その一定の期間）
- ・課税資産の譲渡等に係る資産の内容（軽減税率対象品目である場合には、資産の内容および軽減税率対象品目である旨）
- ・課税資産の譲渡等に係る税抜価額または税込価額を税率の異なるごとに区分して合計した金額および適用税率
- ・消費税額等（税抜価額を税率の異なるごとに区分して合計した金額に100分の10（軽減税率適用の場合は100分の8）を乗じる、または税込価額を税率の異なるごとに区分して合計した金額に110分の10（軽減税率適用の場合は108分の8）を乗じて算出）
- ・書類の交付を受ける事業者の氏名または名称

（2）出来高検収書による仕入税額控除

　適格請求書等保存方式の下においても、建設工事を請け負った事業者（元請業者）が作成した出来高検収書を、下請業者に記載事項の確認を受けた上で保存することにより、仕入税額控除の適用を受けることについては、現行の取扱い（消基通11-6-6）と同様に認められる。

　下請業者の確認を受けることが要件であり、仕入明細書方式と実質同様と考えることができる。したがって、出来高検収書には、適格請求書等保存方式における仕入明細書の記載事項を記載する必要がある。また、下請業者が、適格請求書発行事業者の登録を受けていない場合は、仕入税額について全額の仕入税額控除はできず、令和5年10月1日からの6年間については経過措置の対象になる。

　元請業者が出来高検収書を下請業者に交付し、それに基づき下請業者が請求書を作成・交付する場合において、当該請求書を仕入税額控除の適用を受けるために保存する場合は、当該請求書が適格請求書の記載事項を満たす必要があることはいうまでもない。

5. 電磁的記録による提供を受けた場合の保存（提供を受けた電子インボイスの保存）

（1）保存の方法

　相手方から適格請求書の交付に代えて、適格請求書に係る電磁的記録による提供を受けた場合、仕入税額控除の要件として、その電磁的記録の保存をしなければならない（消法30条7項、9号2号）。その保存の方法は、電磁的記録の提供をした事業者の保存の方法と同じであり、具体的には、次の4つの要件を満たす必要がある（消令50条1項、消規15条の5）。

①　次のイからニのいずれかの措置を行うこと
　イ　適格請求書に係る電磁的記録を提供する前にタイムスタンプを付し、その電磁的記録を提供すること（電帳規4条1項1号）
　ロ　次に掲げる方法のいずれかにより、タイムスタンプを付すとともに、その電磁的記録の保存を行う者またはその者を直接監督する者に関する情報を確認することができるようにしておくこと（電帳規4条1項2号）
　　・適格請求書に係る電磁的記録の提供後、速やかにタイムスタンプを付すこと
　　・適格請求書に係る電磁的記録の提供からタイムスタンプを付すまでの各事務の処理に関する規程を定めている場合において、その業務の処理に係る通常の期間を経過した後、速やかにタイムスタンプを付すこと
　　（補足注）タイムスタンプの付与期間は、スキャナ保存の取扱いと同様に、最長約2ヵ月とおおむね7営業日以内とされている
　ハ　適格請求書に係る電磁的記録の記録事項について、次のいずれかの要件を満たす電子計算機処理システムを使用して適格請求書に係る電磁的記録の提供およびその電磁的記録を保存すること（電帳規4条1

項3号）
　・訂正または削除を行った場合には、その事実および内容を確認する
　　ことができること
　・訂正または削除することができないこと
　ニ　適格請求書に係る電磁的記録の記録事項について正当な理由がない
　　訂正および削除の防止に関する事務処理の規程を定め、当該規程に沿っ
　　た運用を行い、当該電磁的記録の保存に併せて当該規程の備付けを行
　　うこと（電帳規4条1項4号）
② 適格請求書に係る電磁的記録の保存等に併せて、システム概要書の備
　付けを行うこと（電帳規2条2項1号、4条1項）
③ 適格請求書に係る電磁的記録の保存等をする場所に、その電磁的記録
　の電子計算機処理の用に供することができる電子計算機、プログラム、
　ディスプレイおよびプリンタならびにこれらの操作説明書を備え付け、
　その電磁的記録をディスプレイの画面および書面に、整然とした形式お
　よび明瞭な状態で、速やかに出力できるようにしておくこと（電帳規2
　条2項2号、4条1項）
④ 適格請求書に係る電磁的記録について、次の要件を満たす検索機能を
　確保しておくこと（電帳規2条6項6号、4条1項）[5]
　ⅰ　取引年月日その他の日付、取引金額および取引先を検索条件として
　　設定できること
　ⅱ　日付または金額に係る記録項目については、その範囲を指定して条
　　件を設定することができること
　ⅲ　二以上の任意の記録項目を組み合わせて条件を設定できること

（参考）　電帳法上の保存方法等については、国税庁ホームページに掲載さ
　　　　れている、「電子帳簿保存法取扱通達解説（趣旨説明）」や「電子帳
　　　　簿保存法一問一答」を参考とされたい。

　上記の要件は、電子帳簿保存法における電子取引データ保存の要件（電

5　国税に関する法律の規定による電磁的記録の提示または提出の要求に応じることができるよ
　うにしているときはⅱおよびⅲの要件が不要となり、その判定期間に係る基準期間における売
　上高が1,000万円以下の事業者が国税に関する法律の規定による電磁的記録の提示または提出の
　要求に応じることができるようにしているときは検索機能のすべてが不要となる。

帳法7条）そのものである。電子帳簿保存法への対応と同時並行的に準備を進めていくことが考えられる。

（2）紙による保存の取扱い

　電子インボイスの提供をした適格請求書発行事業者および電子インボイスの提供を受けた事業者は、上記の方法に代えて、当該電磁的記録を出力することにより作成した書面（整然とした形式および明瞭な状態で出力したものに限る）を保存する方法によることができる。適格請求書に係る電磁的記録を紙に印刷して保存しようとするときには、整然とした形式および明瞭な状態で出力する必要がある（消規26条の8第2項）。

　消費税に限っては、所定の要件を満たした電子保存がない場合に仕入税額控除を認めないとしてしまうと、納税額に直結する影響が生じることから、紙の保存を認めているわけである。しかし、令和3年度税制改正により電子取引について所定の要件を満たした電子保存が義務づけられたことから、法人税については所定の要件を満たした電子保存に対応しなければならない点は言うまでもない。令和4年度税制改正により、2年間に限定した宥恕規定が設けられたため、令和6年1月1日以後の電子取引から所定の要件を満たした電子保存を行うことができるように準備を進める必要がある[6]。

（3）保存期間

　電子インボイスの提供を受けた事業者が仕入税額控除の適用を受けるためには、帳簿および請求書等を整理し、当該帳簿についてはその閉鎖の日の属する課税期間の末日の翌日、当該請求書等についてはその受領した日

6　令和5年度税制改正により、新たな猶予措置の創設がされる予定である。保存要件に従って保存することができないことについて「相当な理由」がある事業者に関しては、検索機能等の要件の充足状況にかかわらず、電子取引データをデータのまま保存できるものとされる。「相当な理由がある」の具体的な内容については、今後通達やQ&A等で明らかにされるものと思われる。

の属する課税期間の末日の翌日から2ヵ月を経過した日から7年間、これを納税地またはその取引に係る事務所、事業所その他これらに準ずるものの所在地に保存しなければならない（消令50条1項）。

6. 短期前払費用の取扱い

　法人税の計算において、前払費用（一定の契約に基づき継続的に役務の提供を受けるために支出した費用のうち支出した事業年度終了の時においてまだ提供を受けていない役務に対応するものをいう）の額でその支払った日から1年以内に提供を受ける役務に係るものを支払った場合、その支払った額に相当する金額を継続してその支払った日の属する事業年度の損金の額に算入しているときは、当該前払費用を損金の額に算入することが認められている（法基通2-2-14）。

　消費税の計算についても、当該取扱いの適用を受ける前払費用に係る課税仕入れは、その支出した日の属する課税期間において行ったものとして取り扱うこととされており（消基通11-3-8）、この取扱いは、適格請求書等保存方式においても同様である。

　この短期前払費用については、適格請求書等保存方式においても、現行と同様にその支出した日の属する課税期間において行ったものとして取り扱うこととなるが、当該前払費用に係る課税仕入れについて仕入税額控除の適用を受けるためには、原則として、適格請求書等の保存が必要となる。したがって、当該前払費用に係る適格請求書等を保存している場合は、引き続き、支出した日の属する課税期間の課税仕入れとして仕入税額控除の適用を受けることができる。

　また、当該前払費用に係る課税仕入れが適格請求書発行事業者から行われるものである場合には、当該前払費用を支出した日の属する課税期間において適格請求書の交付を受けられなかったとしても、事後に交付される適格請求書を保存することを条件として、当該前払費用として支出した額を基礎として仕入税額控除の適用を受けることとして問題ない。

7. 物品切手等の取扱い

（1）課税仕入れの時期

　郵便切手類または物品切手等は、購入時においては原則として、課税仕入れには該当せず、役務または物品の引換給付を受けた時にその引換給付を受けた事業者の課税仕入れとなるが、現行の取扱いとして、郵便切手類または物品切手等を購入した事業者が、その購入した郵便切手類または物品切手等のうち、自ら引換給付を受けるものにつき、継続してその郵便切手類または物品切手等の対価を支払った日の属する課税期間の課税仕入れとしている場合には、これが認められている（消基通11－3－7）。

　他方、適格請求書等保存方式においては、仕入税額控除の適用を受けるためには、原則として、適格請求書等の保存が必要となるが、郵便切手類のみを対価とする郵便ポスト等への投函による郵便サービスは、適格請求書の交付義務が免除されており、買手においては、一定の事項を記載した帳簿のみの保存により仕入税額控除の適用を受けることができる（消令49条1項1号ニ、消規15条の4第1号）。

　また、物品切手等で適格簡易請求書の記載事項（取引年月日を除く）が記載されているものが、引換給付を受ける際に適格請求書発行事業者により回収される場合、当該物品切手等により役務または物品の引換給付を受ける買手は、入場券等回収特例により、一定の事項を記載した帳簿のみの保存により仕入税額控除の適用を受けることができる（消令49条1項1号ロ）。

　したがって、このような郵便切手類および物品切手等（適格請求書発行事業者により回収されることが明らかなものに限る）のうち、自ら引換給付を受けるものについては、適格請求書等保存方式においても、引き続き、購入（対価の支払）時に課税仕入れとして計上し、一定の事項を記載した帳簿を保存することにより、仕入税額控除の適用を受けることができる。

　なお、上記（一定の事項を記載した帳簿のみの保存により仕入税額控除

の適用を受けることができるもの）以外の物品切手等に係る課税仕入れは、購入（対価の支払）時ではなく、適格請求書等の交付を受けることとなるその引換給付を受けた時に課税仕入れを計上し、仕入税額控除の適用を受けることとなる点に留意する必要がある。

（2）支払対価の額

現行の取扱いでは、物品切手等による引換給付として課税仕入れを行った場合の課税仕入れに係る支払対価の額は、事業者がその物品切手等の取得に要した金額とされている（消基通11－4－3）。

他方、適格請求書等保存方式においては、仕入税額控除の適用を受けるためには、原則として、適格請求書等の保存が必要となるため、物品切手等の取得（購入）に要した金額の如何にかかわらず、当該適格請求書等に記載された金額を基礎として仕入税額控除の適用を受けることとなる。

なお、物品切手等に適格簡易請求書の記載事項（取引年月日を除く）が記載されているものが、引換給付を受ける際に適格請求書発行事業者により回収される場合、当該物品切手等により役務または物品の引換給付を受ける買手は、一定の事項を記載した帳簿のみの保存により仕入税額控除の適用を受けることができるが（消令49条1項1号ロ）、この取扱いの対象となる物品切手等には、適格簡易請求書の記載事項（取引年月日を除く）が記載されていることから、当該物品切手により引換給付を受ける課税仕入れについては、当該物品切手等に記載された金額を基礎として仕入税額控除の適用を受けることとなる。

8. 任意組合の構成員が保存しなければならない請求書等

任意組合の共同事業として課税仕入れを行った場合に、幹事会社が課税仕入れの名義人となっている等の事由により各構成員の持分に応じた適格請求書の交付を受けることができないときにおいて、幹事会社が仕入先から交付を受けた適格請求書のコピーに各構成員の出資金等の割合に応じた

課税仕入れに係る対価の額の配分内容を記載したものは、各構成員における仕入税額控除のために保存が必要な請求書等に該当するものとして取り扱われるので、その保存をもって、仕入税額控除のための請求書等の保存要件を満たす。

　また、任意組合の構成員に交付する適格請求書のコピーが大量となる等の事情により、立替払を行った幹事会社が、コピーを交付することが困難なときは、幹事会社が仕入先から交付を受けた適格請求書を保存し、精算書を交付することにより、各構成員は幹事会社が作成した（立替えを受けた構成員の負担額が記載されている）精算書の保存をもって、仕入税額控除を行うことができる（インボイス通達4－2、適格請求書Q＆A・問83）。

9. 立替金の取扱い

（1）適格請求書および立替金精算書等の書類の保存

　経費を立替払してもらう場合の請求書等の保存が問題となる。請求書発行者から立替払をした会社宛に交付された適格請求書をそのまま受領したとしても、これをもって、請求書発行者から交付された適格請求書とすることはできない点に留意する必要がある[7]。

　立替払を行った会社から、立替金精算書等の交付を受ける等により、経費の支払先である会社（請求書発行者）から行った課税仕入れが自社のものであることが明らかにされている場合には、その適格請求書の写しおよび立替金精算書等の書類の保存をもって、経費の支払先である会社からの課税仕入れに係る請求書等の保存要件を満たすことになる（インボイス通達4－2、適格請求書Q＆A・問84）。

7　例えば、ビル管理事業者・各テナント・公共料金事業者などの三者間において、ビル管理事業者が各テナントの水道光熱費等を立替払しし、後日、各テナントと精算する場合、通常であれば、公共料金事業者からは「ビル管理事業者宛」のインボイスが交付されることとなる。

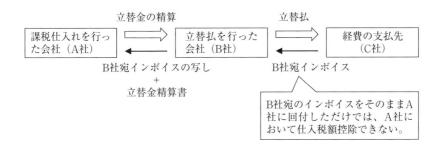

　上記の図表で、インボイスの宛名がB社宛である以上、課税仕入れを行ったのがA社であることが明らかでないし、そもそもインボイスの記載事項として、課税仕入れを行った事業者の氏名または名称が記載されていない。課税仕入れを行ったのがA社であることを示すために、立替金精算書の交付も併せて行う必要がある。

　この場合、立替払を行う会社が適格請求書発行事業者以外の事業者であっても、経費の支払先の会社が適格請求書発行事業者であれば、仕入税額控除を行うことができることは言うまでもない。

　なお、立替払の内容が、請求書等の交付を受けることが困難であるなどの理由により、一定の事項を記載した帳簿のみの保存により仕入税額控除が認められる課税仕入れに該当することが確認できた場合、一定の事項を記載した帳簿を保存することにより仕入税額控除を行うことができる。この場合、適格請求書および立替金精算書等の保存はもちろん不要となる。また、立替払を行った会社が適格簡易請求書の交付を受けた場合は、宛名がそもそも記載されていないので、立替払を受けた会社は、立替払を行った会社から適格簡易請求書の写しの交付を受けることにより、立替金精算書の交付なしで仕入税額控除を受けることができる。

（2）立替金精算書の記載内容

　立替金精算書は、適格請求書が実質的には（立替払を行った会社ではなく）課税仕入れを行った会社のものであることを明らかにするためのもの

であり、具体的な記載事項や様式などは明らかにされていない。課税仕入れを行った（立替払を受けた）会社に係る宛名、立替払を行った会社の名称、支払日、支払内容および支払金額等が記載されていれば問題ないと考えられる。

　ビル管理事業者が各テナントの水道光熱費等を立替払し、後日、各テナントと精算する場合の立替金精算書の記載例を示すと、次のようになる。

【インボイスの写しと立替金精算書の組合せ例】

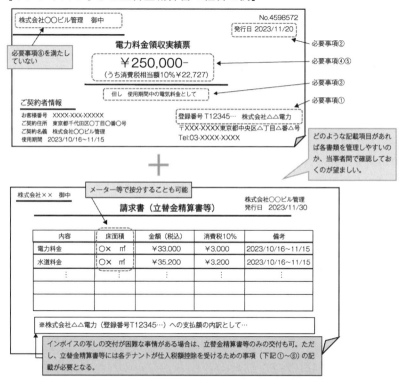

※図表中の番号は、次の適格請求書の記載事項である。

①　適格請求書発行事業者の氏名または名称および登録番号
②　課税資産の譲渡等を行った年月日

③　課税資産の譲渡等に係る資産または役務の内容（課税資産の譲渡等が軽減税率対象品目である場合には、資産の内容および軽減税率対象品目である旨）

④　税率ごとに区分して合計した課税資産の譲渡等の税抜価額または税込価額の合計額および適用税率

⑤　税率ごとに区分して合計した消費税額等

⑥　書類の交付を受ける当該事業者の氏名または名称

（3）交付する適格請求書のコピーが大量となる場合

　立替払を受けた者に交付する適格請求書のコピーが大量となるなどの事情により、立替払を行った会社が、コピーを交付することが困難なときは、立替払を行った会社が経費の支払先から交付を受けた適格請求書を保存し、立替金精算書を交付することにより、立替払を受けた会社は立替払を行った会社が作成した（立替払を受けた者の負担額が記載されている）立替金精算書の保存をもって、仕入税額控除を行うことができる。

　ただし、この場合、立替払を行った会社は、その立替金が仕入税額控除可能なものか（すなわち、適格請求書発行事業者からの仕入れか、適格請求書発行事業者以外の者からの仕入れか）を明らかにし、また、適用税率ごとに区分するなど、立替払を受けた会社が仕入税額控除を受けるに当たっての必要な事項を立替金精算書に記載しなければならない点に留意する必要がある[8]。

　したがって、立替金精算書に記載する「消費税額等」については、課税仕入れの相手方（経費の支払先）から交付を受けた適格請求書に記載された消費税額等を基礎として、立替払を受ける者の負担割合を乗じて按分した金額によるなど合理的な方法で計算した「消費税額等」を記載する必要がある。また、立替金精算書に記載する複数の事業者ごとの消費税額等の

8　経費の支払先の登録番号を明記するなど立替金精算書等のみでインボイスの必要事項を満たす必要がある。

合計額が適格請求書に記載された「消費税額等」と一致しないことも生じ得るが、この消費税額等が合理的な方法により計算されたものである限り、当該立替金精算書により仕入税額控除を行うこととして問題ない。

　なお、仕入税額控除の要件として保存が必要な帳簿には、課税仕入れの相手方の氏名または名称の記載が必要となるし、適格請求書のコピーにより、その仕入れ（経費）が適格請求書発行事業者から受けたものか否かを確認できなくなるため、立替払を行った会社と立替払を受けた会社の間で、課税仕入れの相手方の氏名または名称および登録番号を確認できるようにしておく必要がある。ただし、これらの事項について、別途、書面等で通知する場合のほか、継続的な取引に係る契約書等で、別途明らかにされているなどの場合には、精算書において明らかにしていなくても差し支えないとされている。

10. 口座振替・口座振込の場合

（1）契約書と他の書類を合わせて保存する方法

　通常、契約書に基づき代金決済が行われ、取引の都度、請求書や領収書が交付されない取引であっても、仕入税額控除を受けるためには、原則として、適格請求書の保存が必要である。この点、適格請求書は、一定期間の取引をまとめて交付することもできるので、相手方から一定期間の取引についての適格請求書（領収書等の形態でも可）の交付を受け、それを保存することによる対応も可能である。

　なお、適格請求書として必要な記載事項は、一の書類だけですべてが記載されている必要はなく、複数の書類で記載事項を満たせば、それらの書類全体で適格請求書の記載事項を満たすことになる。したがって、契約書に適格請求書として必要な記載事項の一部が記載されており、実際に取引を行った事実を客観的に示す書類とともに保存し、それらの書類全体で記載事項を満たしている場合は、仕入税額控除の要件を満たすことになる。例えば適格請求書の記載事項の一部（課税資産の譲渡等の年月日以外の事

項であったとする）が記載された契約書とともに通帳（課税資産の譲渡等の年月日の事実を示すもの）を併せて保存することにより、仕入税額控除の要件を満たすことになる。

　また、口座振込により家賃を支払う場合も、適格請求書の記載事項の一部が記載された契約書とともに、銀行が発行した振込金受取書を保存することにより、請求書等の保存があるものとして、仕入税額控除の要件を満たすこととなる（適格請求書Ｑ＆Ａ・問85）。

　なお、このように取引の都度、請求書等が交付されない取引について、取引の中途で取引の相手方（貸主）が適格請求書発行事業者でなくなる場合も想定され、その旨の連絡がない場合にはその事実を把握することは困難となる。そのため、必要に応じ、「国税庁適格請求書発行事業者公表サイト」で相手方が適格請求書発行事業者か否かを確認することが考えられる。

（2）令和5年9月30日以前からの契約について

　令和5年9月30日以前からの契約について、契約書に登録番号等の適格請求書として必要な事項の記載が不足している場合には、契約書を新たに締結し直す必要はなく、別途、登録番号等の記載が不足していた事項の通知を受け、契約書とともに保存していれば問題ない。

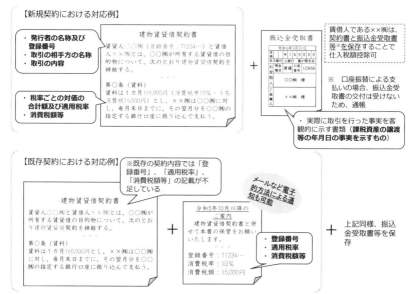

出典：国税庁「インボイス制度−オンライン説明会−」資料より

　以上の内容から、インボイス制度下においても引き続き仕入税額控除の適用を受けるためには、次のいずれかの対応が考えられる。

(1)　原則通り、毎月請求書や領収書の交付を受ける。
　　　または
(2)　一定期間の取引について、まとめて領収書の送付を相手先に依頼する。
　　　または
(3)　令和５年９月30日以前からの契約である場合には、登録番号、適用税率および消費税額等の適格請求書として必要な記載事項の通知を受けた上で、①契約書、②不足事項に係る通知書および③①および②だけでは不足する事項に係る書類（例えば振込金受取書等）を保存する。

第7章

適格請求書等保存方式における税額の計算

消費税額の計算については、売上税額の計算と仕入税額の計算の取扱いをそれぞれ整理する必要がある。

1. 売上税額の計算

　税額計算の方法については、①取引総額からの割戻し計算（割戻し計算方式）、②適格請求書等の税額の積上げ計算（積上げ計算方式）、以上 2 つからの選択制とされる（消法45条 1 項、 5 項、消令62条 1 項）。①の方法が原則的な取扱いであり、現行と同様の方法である。また、②の積上げ計算方式は、適格請求書発行事業者が、交付した適格請求書（または適格簡易請求書）の写しを保存している場合（電磁的記録の保存も含む）に、適格請求書等に記載された消費税額等を積み上げて売上税額を計算することが認められる特例的な取扱いである。割戻し計算方式または積上げ計算方式は選択適用となるが、継続性は求められていないため、翌課税期間以降において他の計算方式に変更することはできる。

　売上税額を積上げ計算した場合、仕入税額も積上げ計算しなければならない点に留意する必要がある。

割戻し計算と積上げ計算の比較

割戻し計算方式	積上げ計算方式
課税期間中の税率の異なるごとに区分した課税標準額にそれぞれ7.8％または6.24％を乗じて計算する方式	課税期間中の適格請求書等に記載された消費税額等を積み上げて計算する方式

○割戻し計算（原則）

課税標準額 ＝ 課税売上高（税込）× $\dfrac{100}{110}$ （軽減税率適用のものは $\dfrac{100}{108}$ ）
売上税額 ＝ 課税標準額×7.8％ （軽減税率適用のものは6.24％）

○積上げ計算（特例）

売上税額 ＝ $\dfrac{適格請求書等に記載された}{消費税額等の合計額}$ × $\dfrac{78}{100}$ （軽減税率適用のものも $\dfrac{78}{100}$ ）[1]

　なお、売上税額の計算は、取引先ごとに（または課税期間中の一定の期間ごとに）割戻し計算と積上げ計算を分けて適用するなど、併用することも認められるが、併用した場合であっても売上税額の計算につき積上げ計算方式を適用した場合に当たるため、仕入税額の計算方法に割戻し計算方式を適用することはできない（インボイス通達3－13）。

（1）割戻し計算方式（原則）

　割戻し計算方式による計算方法は、区分記載請求書等保存方式と同様であり、課税期間中の適用税率ごとの取引総額に110分の100（軽減税率適用に係る課税資産の譲渡等である場合には、108分の100）を乗じて課税標準額を算出し、課税標準額に税率を乗じて計算する。

① 軽減税率の対象となる売上税額

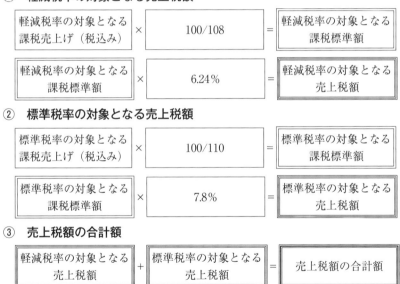

② 標準税率の対象となる売上税額

③ 売上税額の合計額

1　100分の78を乗じるのは、国税部分である消費税額を算出するためであるが、10％に占める7.8％の割合も、8％に占める6.24％の割合も同じ100分の78であるため、一律100分の78を乗ずればよい。

設例　割戻し計算方式による消費税額の計算

前提条件

　ある課税期間の標準税率適用資産および軽減税率適用資産のそれぞれの譲渡等の対価の額は、次のとおりであった。

　標準税率適用資産の譲渡等の対価の額（税込価額）　165,000,000円

　軽減税率適用資産の譲渡等の対価の額（税込価額）　　86,400,000円

・標準税率適用資産

　課税標準額

　＝標準税率適用資産の譲渡等の対価の額×100/110＝150,000,000円

　　課税標準額に対する消費税額

　＝課税標準額×7.8％

　＝11,700,000円

・軽減税率適用資産

　課税標準額

　＝軽減税率適用資産の譲渡等の対価の額×100/108＝80,000,000円

　　課税標準額に対する消費税額

　＝課税標準額×6.24％

　＝4,992,000円

　結果として、当該課税期間の課税標準額に対する消費税額は、16,692,000円（11,700,000円＋4,992,000円）である。

（2）積上げ計算方式（特例）

①　積上げ計算方式の計算方法

　適格請求書発行事業者が発行した適格請求書等（適格請求書のほか、適格簡易請求書および電磁的記録も含む）の写しに記載（または記録）されたその課税期間中の消費税額等を積み上げた合計額に100分の78を乗じて算出する。

適格請求書等の写しに記載された消費税額等の合計額	×	78/100	=	売上税額の合計額

② 仕入明細書方式によっている場合

　売手と買手の取決め等により、仕入明細書方式によっている場合、売手が適格請求書を交付することができないが、仕入明細書に記載されている事項の確認に当たって仕入明細書を売手が受領しており、かつ、当該受領した仕入明細書を適格請求書等の写しと同様の期間・方法により保存している場合には、「交付した適格請求書等の写しの保存」があるものとして、売上税額の積上げ計算を行って問題ない（適格請求書Ｑ＆Ａ・問103）。

③ 委託販売で媒介者交付特例によっている場合で精算書等の交付のみを行っている場合

　委託販売における受託者が媒介者交付特例を適用して適格請求書を交付する場合において、①買手に交付した適格請求書の写し（または電磁的記録）を保存し、②買手に交付した適格請求書の写し（または電磁的記録）を速やかに委託者に交付（または提供する）こととされており、②について、例えば複数の委託者の商品を販売した場合や、多数の購入者に対して日々適格請求書を交付する場合などで、コピーが大量になるなど、適格請求書の写しそのものを交付することが困難な場合には、適格請求書の写しと相互の関連が明確な、精算書等の書類等を交付することで差し支えないとされている（インボイス通達３－８）。したがって、委託先から適格請求書の記載事項がすべて記載されている精算書の交付を受けている場合は、その精算書を基に売上税額の積上げ計算をして問題ない。

④ 委託販売の手数料に係る委託者の売上税額の計算

　委託販売に係る委託者においては、受託者が委託商品の譲渡等をしたことに伴い収受したまたは収受すべき金額が委託者における資産の譲渡等の金額となる。ただし、軽減税率の適用対象とならない課税資産の譲渡等のみを行うことを委託している場合には、その課税期間中に行った委託販売等のすべてについて、その資産の譲渡等の金額から受託者に支払う委託販

売手数料を控除した残額を委託者における資産の譲渡等の金額とすることも認められている（消基通10－1－12、軽減通達16）。

　適格請求書等保存方式の下では、行った課税仕入れについて仕入税額控除の適用を受けるためには、原則として、受託者から交付を受けた適格請求書等の保存が必要となる。したがって、その資産の譲渡等の金額から受託者に支払う委託販売手数料（課税仕入れ）を控除した残額を委託者における資産の譲渡等の金額とするためには、当該委託販売手数料に係る適格請求書等の保存が必要となる点に留意しなければならない。

【標準税率のみである場合に委託者に認められる処理】

委託者において、A－Bを資産の譲渡等の金額とすることが認められる。
（委託販売手数料に係る適格請求書等の保存は必要）

⑤　委託販売の手数料に係る受託者の売上税額の計算

　委託販売に係る受託者においては、委託者から受ける委託販売手数料が役務の提供の対価となる。ただし、委託者から軽減税率の適用対象とならない課税資産の譲渡等のみを行うことを委託されている場合、委託された商品の譲渡等に伴い収受したまたは収受すべき金額を課税資産の譲渡等の金額とし、委託者に支払う金額を課税仕入れに係る金額とすることも認められている（消基通10－1－12）。

　適格請求書保存方式の下においても、委託された商品の販売が軽減税率の適用対象でない場合には、引き続き、委託された商品の譲渡等に伴い収受したまたは収受すべき金額を課税資産の譲渡等の金額とし、委託者に支

払う金額を課税仕入れに係る金額とすることができる。この場合、委託者に支払う金額に係る課税仕入れに関し、適格請求書等の保存は不要である。

【標準税率のみである場合に受託者に認められる処理】

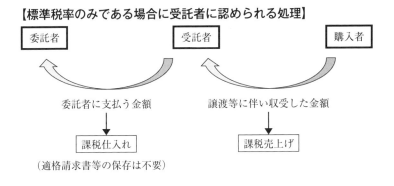

委託者　　　　　　　　受託者　　　　　　　購入者

委託者に支払う金額　　　　譲渡等に伴い収受した金額

課税仕入れ　　　　　　　課税売上げ

（適格請求書等の保存は不要）

2. 仕入税額の計算

　仕入税額は、積上げ計算方式または割戻し計算方式の2つの方法のうちのいずれかからの選択により行う。仕入税額の計算については、積上げ計算方式と割戻し計算方式の併用は認められない。

　割戻し計算方式または積上げ計算方式は選択適用となるが、継続性は求められていないため、翌課税期間以降において他の計算方式に変更することはできる。

　なお、現行と同様に、その課税期間における課税売上高が5億円以下で、かつ、課税売上割合が95％以上であるときは、課税仕入れに係る消費税額は全額について仕入税額控除の対象になる。それ以外の課税期間については、個別対応方式または一括比例配分方式のいずれかにより仕入控除税額を計算することになることは言うまでもない。

（1）積上げ計算方式（原則）

　仕入税額の計算における積上げ計算方式は、請求書等積上げ計算と帳簿

積上げ計算から成っている。帳簿積上げ計算の選択適用が認められていることにより、一定の柔軟性が確保されているといえる。

① **請求書等積上げ計算**

課税仕入れに係る消費税額については、原則として、適格請求書または適格簡易請求書（電磁的記録を含む）に記載された消費税額等を積み上げて計算する必要がある。

適格請求書等に記載された消費税額等のうち課税仕入れに係る部分の金額の合計額	×	78/100	=	仕入税額の合計額

また、適格簡易請求書の中には消費税額等の記載がない場合があり得るが、その場合は適格請求書に記載される消費税額等の計算方法に準じて、①税抜価額を税率の異なるごとに区分して合計した金額に100分の10（軽減税率適用の場合は100分の8）を乗じる、または②税込価額を税率の異なるごとに区分して合計した金額に110分の10（軽減税率適用の場合は108分の8）を乗じて算出することになる（消令46条1項2号、70条の10）。そのようにして積み上げた消費税額等の合計額に100分の78を乗じた額が課税仕入れに係る消費税額となる（消令46条1項）。100分の78を乗じるのは、地方消費税を除いた国税部分である消費税額を算出するためであり、軽減税率適用のものについても、8％に占める6.24％の割合は同じであるため、一律100分の78を乗じればよい。

さらに、請求書等の交付を受けることが困難である場合で、帳簿の保存要件のみでよいとされているケースについては、支払対価の額に110分の10（軽減税率適用の場合は108分の8）を乗じて算出した金額（1円未満の端数は、切捨てまたは四捨五入）に100分の78を乗じた額が課税仕入れに係る消費税額となる（同項6号）。

② **帳簿積上げ計算**

上記の方法とは別に、課税仕入れの都度、課税仕入れに係る支払対価の額（税込価額）に110分の10（軽減税率適用の場合は108分の8）を乗じて

算出した金額（１円未満の端数は、切捨てまたは四捨五入）を仮払消費税額等などとして帳簿に記載しているときは、当該金額を合計した金額に100分の78を乗じて算出した金額を、課税仕入れに係る消費税額とすることが認められる（消令46条２項）。これを「帳簿積上げ計算」という。先に説明した適格簡易請求書に消費税額等の記載がない場合の取扱いと実質同様の処理が、個々の課税仕入れごとに認められる。この取扱いは、積上げ計算方式の中での例外という位置づけであり、次項の割戻し計算方式（特例）とは意味・内容がまったく異なる。

　例えば、令和５年10月１日からの６年間については、免税事業者等からの仕入れについて経過措置が適用される。免税事業者等から交付を受ける請求書等には基本的に消費税額等の記載がないが、この帳簿積上げ計算により、一定割合の仕入税額を積上げ対象とすることができる。もちろんこの帳簿積上げ計算の対象は、そのようなケースに限定されるわけではない。

　課税仕入れに係る適格請求書の交付を受けた際に、当該適格請求書を単位として帳簿に仮払消費税額等として計上している場合のほか、課税期間の範囲内で一定の期間内に行った課税仕入れにつきまとめて交付を受けた適格請求書を単位として帳簿に仮払消費税額等として計上している場合が含まれる（インボイス通達４－４）。法令上は「課税仕入れの都度」とされているが、適格請求書ごとの計上に限定されず、一定期間分の納品書（適格請求書）をまとめた月次請求書単位で課税仕入れを認識し、買掛金を計上しているようなケースにおいて、その課税仕入れに係る仮払消費税額等として帳簿に記載してそれを積上げ対象にすることもできると解される。すなわち、帳簿積上げ計算において計上する仮払消費税額等については、受領した適格請求書ではない納品書または請求書を単位として計上することや継続的に買手の支払基準といった合理的な基準による単位により計上することでも問題ない。

　結果として、適格請求書に記載された消費税額等と帳簿に記載された消

費税額等にずれが生じたとしても、調整は不要である。この問題については、第９章で詳説する。

　課税仕入れに係る支払対価の額には消費税額等を含むので、帳簿に記載する仮払消費税額等は、一般的に、適格請求書等の請求書等に記載された課税仕入れに係る支払対価の額に110分の10（軽減税率の対象となる場合は108分の８）を乗じて算出することになるが、例えば、課税仕入れに係る税抜対価の額が記載された納品書を基礎として帳簿に仮払消費税額等を記載する場合において、当該税抜対価の額に100分の10（軽減税率の対象となる場合は100分の８）を乗じて算出する方法も認められる。

　仕入税額の計算に当たり、請求書等積上げ計算と帳簿積上げ計算を併用することも認められるが、これらの方法と次項の「(2)割戻し計算方式（特例)」を併用することは認められない（インボイス通達４－３）。

○請求書等積上げ計算（原則）

$$\text{仕入税額} = \text{適格請求書等に記載された消費税額等の合計額} \times \frac{78}{100}$$

○帳簿積上げ計算

　課税仕入れごとに支払対価の額（税込価額）を基礎として割戻しにより消費税額等を計算し、仮払消費税額等などとして帳簿に記載する方法（積上げ計算の中での例外)

$$\text{仕入税額} = \frac{\text{課税仕入れに係る}}{\text{対価の額（税込み）}} \times \frac{10}{110}\left(\text{軽減税率適用の場合は}\frac{8}{108}\right)$$

↓

この合計額に100分の78を乗じる

　なお、経過措置の対象となる免税事業者等からの仕入れに係る仕入税額の計算については、仕入税額の計算に積上げ計算方式を適用している場合は積上げ計算方式により、割戻し計算方式を適用している場合は割戻し計算方式により行うことになる。積上げ計算方式による場合は、請求書等に

消費税額等の記載は通常ないため、帳簿積上げ計算方式により対応することになると考えられる。第8章で詳説する。

（2）割戻し計算方式（特例）

　課税仕入れに係る消費税額等を積み上げる方法が原則になるが、特例的な方法として、課税期間中の課税仕入れに係る支払対価の額（税込価額）を税率の異なるごとに区分した金額の合計額にそれぞれの税率を乗じた額を課税仕入れに係る消費税額とすることが認められる。現行と同様の方法である。

　この特例による場合は、当該課税期間中に国内において行った課税仕入れのうち、課税仕入れに係る支払対価の額（税込価額）を税率の異なるごとに区分して合計した金額に、110分の7.8（軽減税率適用の場合は108分の6.24）を乗じて算出した金額の合計額を、課税仕入れに係る消費税額とする（消令46条3項）。

① 　軽減税率の対象となる仕入税額

② 　標準税率の対象となる仕入税額

③ 　仕入税額の合計

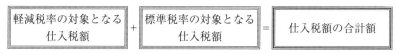

　この方法は、売上げに係る税額を割戻し計算方式で計算する事業者に限り、適用することが認められる。仮に売上げに係る税額を積上げ計算方式で計算し、仕入れに係る税額を割戻し計算方式で行うことを認めると、売上げに係る税額については端数処理をし、仕入れに係る税額については端数処理を行わない結果、納税額が過少になってしまう。端数処理による益

税を防止する観点からのものである。

　売上げに係る税額の計算につき積上げ計算方式による場合は、課税仕入れに係る消費税額についても積上げ計算方式によらなければならない。

　売上税額の計算方法と仕入税額の計算方法は、次の３とおりの組合せが可能である。

売上税額の計算・割戻し－仕入税額の計算・積上げ

売上税額の計算・積上げ－仕入税額の計算・積上げ

売上税額の計算・割戻し－仕入税額の計算・割戻し

　なお、売上税額の計算は、取引先ごとに割戻し計算と積上げ計算を分けて適用するなど、併用することも認められるが、併用した場合であっても売上税額の計算につき積上げ計算を適用した場合に当たるため、仕入税額の計算方法に割戻し計算を適用することはできない（インボイス通達３－13）。

　また、仕入税額の計算に当たり、請求書等積上げ計算と帳簿積上げ計算を併用することは認められるが、仕入税額に係る割戻し計算方式を併用することは認められない（インボイス通達４－３）。

売上税額および仕入税額の計算

	原則的な取扱い	特例的な取扱い
売上税額の計算	割戻し計算 税率の異なるごとに区分した課税標準額にそれぞれ税率を乗じて計算する。	積上げ計算 相手方に交付した適格請求書等の写しを保存している場合、これらの書類等に記載された消費税額等を積み上げて計算する。
仕入税額の計算	積上げ計算 原則：適格請求書等に記載された消費税額等を積み上げる。 例外：その支払対価の額を割り戻して計算した消費税額等を仮払消費税額等などとして帳簿に記載し、積み上げる。	割戻し計算 課税仕入れに係る支払対価の額を税率の異なるごとに区分した金額の合計額にそれぞれの税率を乗じた額を課税仕入れに係る消費税額とする。 （売上税額の計算を割戻し計算としている事業者にのみ認められる。）

3. 小規模事業者に係る納税額に係る負担軽減措置の導入

令和5年度税制改正により、次の措置が置かれる見込みである。

(1) 納税額に係る負担軽減

適格請求書発行事業者の令和5年10月1日から令和8年9月30日までの日の属する各課税期間において、①免税事業者が適格請求書発行事業者になったことまたは②課税事業者選択届出書を提出したことにより事業者免税点制度の適用を受けられないこととなる場合には、その課税期間の納付税額を課税標準額に対する消費税額の20%とすることが認められる。

この特例は、適格請求書発行事業者の登録をしなければ、課税事業者にならなかった者が対象である点に留意する必要がある。したがって、基準期間における課税売上高が1,000万円を超える課税期間には、2割特例は適用できない。

正確には、次の消費税法の規定により事業者免税点制度の適用を受けられないこととなる事業者は対象外である。

納税義務の免除の特例に係る規定	
基準期間 **特定期間**	○ **基準期間における課税売上高が1千万円を超える場合（消法9条1項）**
	○ 特定期間における課税売上高による納税義務の免除の特例（消法9条の2第1項）
承継・新設	○ 相続・合併・分割があった場合の納税義務の免除の特例（消法10条、11条、12条）
	○ 新設法人の納税義務の免除の特例（消法12条の2第1項）
	○ 特定新規設立法人の納税義務の免除の特例（消法12条の3第1項）
3年縛り	○ 課税事業者選択届出書を提出して2年以内に本則課税で調整対象固定資産の仕入れ等を行った場合の3年間（消法9条7項）
	○ 新設法人及び特定新規設立法人の特例の適用を受けて、本則課税で調整対象固定資産の仕入れ等を行った場合の3年間（消法12条の2第2項・12条の3第3項）
	○ 本則課税で高額特定資産の仕入れ等を行った場合の3年間（消法12条の4第1項）
	○ 高額特定資産について棚卸資産の調整の適用を受けた場合の3年間（消法12条の4第2項）

【計算例】

税込売上高　880万円（うち消費税等80万円）の場合

売上税額80万円×20%＝納付税額16万円

※仮に簡易課税適用の場合（第5種）

売上税額80万円×50%＝納付税額40万円（24万円の負担軽減）

（注）わかりやすさを優先するため、地方消費税も合わせて記載している。

みなし仕入率が80％である場合の簡易課税制度と同じ計算方法となり、有利になる場合が多いと考えられる。

例えば12月決算法人が令和 5 年10月 1 日に登録した場合、令和 5 年10月から同年12月の申告から令和 8 年12月期の申告までが対象になる。また、2 年間の継続適用の縛りはない。

なお、適用を受けるための事前の届出は不要であり、確定申告書に付記するだけでよい。確定申告書の付記は、具体的には、確定申告書（第一表）の右側の「参考事項」の下の余白欄に、「2 割特例」有と表記することでよいと考えられる。

申告時における選択適用のイメージ

※ただし、①②の両方を計算する必要はなく、②の方が明らかに有利な場合は①を計算する必要はない。

（2）簡易課税に戻る取扱いの柔軟化

上記(1)の取扱いの適用を受けた適格請求書発行事業者が、当該適用を受けた課税期間の翌課税期間中に、簡易課税制度の適用を受ける旨の届出書を所轄税務署長に提出したときは、その提出した日の属する課税期間から簡易課税制度の適用を認めることとする。

　基準期間における課税売上高が1,000万円を超える課税期間については
２割特例は受けられないため、その課税期間の末日までに簡易課税選択届
出書の提出を行うことにより、当該課税期間から簡易課税の適用を受ける
ことができるようにするための特例的な措置である。

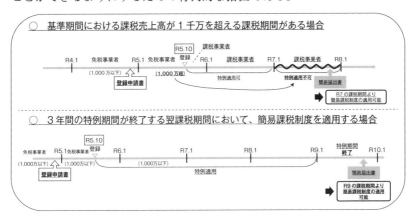

4. 売上げに係る対価の返還等をした場合の消費税額の計算

（1）売上げに係る対価の返還等をした場合の消費税額の計算（原則）

　売上げの計上時期は、原則として目的物の引渡しを行った時である。し
たがって、目的物の引渡しの時に計上された対価の額が消費税の課税標準
の額の基礎となる。しかし、いったん課税売上げとして計上されたもの
の、その後に返品、値引きまたは割戻し（以下、「売上げに係る対価の返
還等」という）がされた場合には、引渡しの時に計上された対価の額に基
づいて計算される消費税額が過大になってしまう。そこで、売上げに係る
対価の返還等の金額に係る消費税額をその対価の返還等をした日の属する
課税期間の課税標準額に対する消費税額から控除する。原則として、次の
方法で計算した金額を控除することになる。

　事業者（免除事業者を除く）が、国内において行った課税資産の譲渡等
につき、売上げに係る対価の返還等をしたことにより、当該課税資産の譲
渡等の対価の額と当該対価の額に100分の10（軽減税率適用である場合に

は100分の 8 ）を乗じて算出した金額との合計額（以下、「税込価額」とい
う）の全部もしくは一部の返還等をした場合には、当該売上げに係る対価
の返還等をした日の属する課税期間の課税標準額に対する消費税額から当
該課税期間において行った売上げに係る対価の返還等の金額に係る消費税
額（当該返還等をした税込価額に110分の7.8（当該売上げに係る対価の返
還等が軽減税率適用である場合には108分の6.24）を乗じて算出した金額
をいう）の合計額を控除する（消法38条 1 項）。

その売上げに係る対価の返還等が標準税率適用資産の譲渡等に係るものである場合

> **その売上げに係る対価の返還等の金額に係る消費税額**
> $= 当該返還等をした税込価額 \times \dfrac{7.8}{110}$

その売上げに係る対価の返還等が軽減税率適用資産の譲渡等に係るものである場合

> **その売上げに係る対価の返還等の金額に係る消費税額**
> $= 当該返還等をした税込価額 \times \dfrac{6.24}{108}$

　なお、売上げに係る対価の返還等に係る消費税額の控除の適用を受ける
場合は、帳簿に、①売上げに係る対価の返還等を受けた者の氏名または名
称、②売上げに係る対価の返還等を行った年月日、③売上げに係る対価の
返還等の基となる課税資産の譲渡等に係る資産または役務の内容（軽減税
率適用品目であるときは、資産の内容および軽減税率適用品目である旨）
および④税率の異なるごとに区分した売上げに係る対価の返還等をした金
額を整然と、かつ明瞭に記載しなければならない。適格簡易請求書の交付
が認められる事業に係るものであるときは、②から④に掲げる事項のみで
よい（消令58条の 2 第 1 項）。適格返還請求書の交付の有無は関係ない。

（2）売上げに係る対価の返還等をした場合の消費税額の計算（特例）

　売上げに係る対価の返還等につき交付した適格返還請求書（電磁的記録を含む）の写しを保存している場合には、適格返還請求書等に記載または記録された消費税額等に100分の78を乗じて算出した金額を、売上げに係る対価の返還等の金額に係る消費税額とすることが認められる（消令58条1項）。この方法は、適格返還請求書（電磁的記録を含む）の写しを保存していることが要件である。

（3）標準税率適用に係る部分と軽減税率適用に係る部分が合理的に
区分されていない場合の特例

　売上げに係る対価の返還等の金額が標準税率適用に係る部分と軽減税率適用に係る部分とに合理的に区分されていないときは、当該売上げに係る対価の返還等に係る税込価額に、当該売上げに係る対価の返還等の基となる課税資産の譲渡等の税込価額の合計額のうちに軽減税率適用に係る課税資産の譲渡等の税込価額の占める割合を乗じて計算した金額を、軽減税率適用に係る部分の金額として、控除額を計算する（消令58条2項）。

5. 貸倒れに係る消費税額の控除等

（1）貸倒れに係る消費税額の計算

　売上げの計上時期は、原則として目的物の引渡しを行った時である。したがって、目的物の引渡しの時に計上された対価の額が消費税の課税標準の額の基礎となる。しかし、いったん売上げとして計上された金額について、その後貸倒れにより代金の回収ができなくなった場合には、消費税法上の「対価を得て」という課税要件を満たさないことになる。そのため、貸倒れに係る消費税額については、貸倒れのあった日の属する課税期間の課税標準額に対する消費税額から控除することになる。原則として、次の方法で計算した金額を控除することになる。

　事業者（免除事業者を除く）が国内において課税資産の譲渡等を行った

場合において、当該課税資産の譲渡等の相手方に対する売掛金その他の債権につき更生計画認可の決定により債権の切捨てがあったことその他これに準ずるものとして政令で定める事実が生じたため、当該課税資産の譲渡等の税込価額の全部または一部について貸倒れがあったときは、その貸倒れのあった日の属する課税期間の課税標準額に対する消費税額から、その貸倒れの金額に係る消費税額（当該税込価額に110分の7.8（当該税込価額が軽減税率適用に係る課税資産の譲渡等に係るものである場合には、108分の6.24）を乗じて算出した金額をいう）の合計額を控除する（消法39条1項）。

その貸倒れが標準税率適用資産の譲渡等に係るものである場合

$$\text{その貸倒れの金額に係る消費税額} = \text{当該税込価額} \times \frac{7.8}{110}$$

その貸倒れが軽減税率適用資産の譲渡等に係るものである場合

$$\text{その貸倒れの金額に係る消費税額} = \text{当該税込価額} \times \frac{6.24}{108}$$

　なお、貸倒れが認められる要件は、法人税法と同様であるが、消費税法上控除の対象となる貸倒れは、消費税の課税対象となる取引に係る売掛金その他の債権に限られる。

（2）標準税率適用に係る部分と軽減税率適用に係る部分が合理的に区分されていない場合の特例

　貸倒れに係る課税資産の譲渡等の税込価額が、標準税率適用に係る部分と軽減税率適用に係る部分とに合理的に区分されていないときは、その貸倒れに係る課税資産の譲渡等の税込価額に、当該貸倒れの対象となった課税資産の譲渡等の税込価額のうちに軽減税率適用に係る課税資産の譲渡等の税込価額の占める割合を乗じて計算した金額を、軽減税率適用に係る部分の金額として、控除額を計算する（消令60条1項）。

　貸倒処理した債権（償却済債権）の回収があったときの取扱いも、回収

した債権の税込価額に、課税資産の譲渡等の時におけるこれらの課税資産の譲渡等の税込価額の合計額のうちに軽減税率適用に係る課税資産の譲渡等の税込価額の占める割合を乗じて計算した金額を、軽減税率適用に係る部分の金額として、その課税期間の課税標準額に対する消費税額に加算する（同条2項）。

6. 仕入れに係る対価の返還等を受けた場合の消費税額の計算

（1）仕入れに係る対価の返還等を受けた場合の消費税額の計算（原則）

　課税資産の譲渡等につき、返品、値引きまたは割戻しを受けた場合、課税資産の譲渡等を行った売手側で消費税額の修正が行われるのと同様に、その課税仕入れを行った買い手側においても、課税仕入れに係る消費税額の修正を行う。

　この場合、標準税率適用資産か軽減税率適用資産かによって、仕入れに係る対価の返還等を受けた金額に係る消費税額の計算方法が異なる（消法32条1項）。

　その仕入れに係る対価の返還等が標準税率適用資産の譲渡等に係るものである場合

その仕入れに係る対価の返還等を受けた金額に係る消費税額

$$= 支払対価の額につき返還を受けた税込価額 \times \frac{7.8}{110}$$

　その仕入れに係る対価の返還等が軽減税率適用資産の譲渡等に係るものである場合

その仕入れに係る対価の返還等を受けた金額に係る消費税額

$$= 支払対価の額につき返還を受けた税込価額 \times \frac{6.24}{108}$$

　なお、その課税期間における課税売上高が5億円以下で、かつ、課税売

上割合が95％以上であるときは全額控除方式が適用され、それ以外の場合は個別対応方式または一括比例配分方式のいずれかにより課税売上げに対応する額について修正する（同項2号、3号）。

（2）仕入れに係る対価の返還等を受けた場合の消費税額の計算（特例）

仕入れに係る対価の返還等につき適格返還請求書（電磁的記録を含む）の交付を受けた事業者は、適格返還請求書等に記載または記録された消費税額等に100分の78を乗じて算出した金額を、仕入れに係る対価の返還等の金額に係る消費税額[2]とすることが認められる（消令52条1項）。

（3）標準税率適用に係る部分と軽減税率適用に係る部分が合理的に区分されていない場合の特例

事業者が、仕入れに係る対価の返還等を受けた場合において、当該仕入れに係る対価の返還等を受けた金額が標準税率適用に係る部分と軽減税率適用に係る部分とに合理的に区分されていないときは、当該仕入れに係る対価の返還等を受けた金額に、当該仕入れに係る対価の返還等の基となる課税仕入れに係る支払対価の額の合計額のうちに軽減税率適用に係る課税資産の譲渡等に係る課税仕入れに係る支払対価の額の占める割合を乗じて計算した金額を、軽減税率適用に係る部分の金額として、控除額を計算する（消令52条2項）。

7. 媒介・取次業者により代替発行された適格請求書等

適格請求書発行事業者は、媒介・取次業者を介して、国内において課税資産の譲渡等を行う場合がある。媒介・取次業者が、課税資産の譲渡等の

2　消費税額等の記載がないときは、①税抜価額を税率の異なるごとに区分して合計した金額に100分の10（軽減税率適用の場合は100分の8）を乗じる、または②税込価額を税率の異なるごとに区分して合計した金額に110分の10（軽減税率適用の場合は108分の8）を乗じて算出する方法が認められる。

時までに、当該事業者から登録を受けている旨の通知を受けているとき
は、適格請求書等保存方式においても、現行の区分記載請求書等保存方式
と同様に、せり売りや無条件委託販売・共同計算方式による媒介・取次に
より販売される場合は、媒介・取次業者により代替発行された（媒介・取
次業者の氏名または名称および登録番号の記載された）適格請求書等（適
格請求書、適格簡易請求書または電磁的記録）の保存による仕入税額控除
が認められる（消令70条の12第1項）。

　媒介者等は、適格請求書等の写しを、速やかにその事業者に交付または
提供しなければならない（同条3項）。

　媒介・取次業者は、適格請求書等の写しまたは電磁的記録を整理し、交
付または提供した日の属する課税期間の末日の翌日から2ヵ月を経過した
日から7年間、納税地またはその取引に係る事務所等の所在地に保存しな
ければならない（消規26条の7第1項）。

第8章

免税事業者等からの
仕入れの取扱い

1. 適格請求書等の交付不可

　免税事業者は、課税事業者を選択しない限り適格請求書発行事業者の登録を受けることができず、適格請求書等を取引相手に交付することができないため、免税事業者からの課税仕入れについては、仕入税額控除の対象にはならない。

　現行の区分記載請求書等保存方式においては、免税事業者からの課税仕入れに係る仕入税額控除が認められるのに対して、適格請求書等保存方式においては、課税事業者のみ適格請求書等を交付することが認められ、免税事業者からの課税仕入れに係る仕入税額控除はできない。適格請求書等の交付を受けることができる（登録を受けた）課税事業者からの仕入れよりも不利な取扱いとなる。したがって、免税事業者からの仕入れを敬遠する誘因になり得る。この問題については、次項で説明する一定の経過措置が設けられている。

請求書等の交付義務の有無、免税事業者の取扱い等の比較

	請求書等保存方式（～令和元.9.30）	区分記載請求書等保存方式（令和元.10.1～令和5.9.30）	適格請求書等保存方式（令和5.10.1～）
交付義務	なし	なし	あり
不正交付の罰則	なし	なし	あり
免税事業者からの仕入れ	仕入税額控除可	仕入税額控除可	仕入税額控除不可（ただし、6年間の経過措置あり）

2. 免税事業者等からの課税仕入れに係る経過措置

　本経過措置は、免税事業者からの課税仕入れだけでなく、適格請求書発行事業者の登録を受けていない課税事業者からの課税仕入れ、消費者から

の課税仕入れについても、同様に適用される。また、それらの取引以外に
も、令和 5 年10月 1 日施行の改正消費税法上は仕入税額控除が受けられな
い課税仕入れのうち、令和 5 年10月 1 日施行の消費税法の改正前の消費税
法（旧消費税法）の規定の適用を受けるとした場合に仕入税額控除を受け
られる取引が経過措置の対象となる（平成28年改正法附則52条 1 項）。

　経過措置の対象となる免税事業者、適格請求書発行事業者の登録を受け
ていない課税事業者および消費者等からの課税仕入れを、以下免税事業者
等からの課税仕入れという。

（1）令和 5 年10月 1 日から同日以後 3 年を経過する日までの経過措置

　免税事業者等からの課税仕入れについての特例が設けられている。免税
事業者等からの課税仕入れについては、免税事業者等から交付を受けた請
求書等を適格請求書等とみなして、適格請求書等保存方式の導入以後 3 年
間は仕入税額相当額の80%、その後の 3 年間は仕入税額相当額の50%相当
額を仕入税額とみなすとされ、免税事業者等からの課税仕入れが著しく不
利にならないようにする特例措置が期間を限定して導入された。

免税事業者等からの課税仕入れに係る消費税額

課税仕入れの時期	課税仕入れに係る消費税額
令和 5 年 9 月30日以前	課税仕入れ等に係る税額×100%
令和 5 年10月 1 日から 令和 8 年 9 月30日	課税仕入れ等に係る税額×80%
令和 8 年10月 1 日から 令和11年 9 月30日	課税仕入れ等に係る税額×50%
令和11年10月 1 日以降	なし

　すなわち、事業者が令和 5 年10月 1 日から同日以後 3 年を経過する日
（令和 8 年 9 月30日）までの間に行った免税事業者等からの課税仕入れに
ついては、免税事業者等から交付を受けた請求書等を適格請求書等とみな

して、その課税仕入れに係る支払対価の額に110分の7.8（その課税仕入れ
が軽減税率適用の場合は108分の6.24）を乗じて算出した金額に80％を乗
じて算出した金額を課税仕入れに係る消費税額とみなす（平成28年改正法
附則52条 1 項）。帳簿上、免税事業者等からの仕入れについて、仕入税額
の計算方法が通常と異なるため、別の消費税課税区分（コード）を設けて
対応することが考えられる。

　支払対価の額に110分の7.8（その課税仕入れが軽減税率適用の場合は
108分の6.24）を乗じて算出した金額に20％を乗じて算出した金額は、控
除対象外消費税等になるのではなく、対価の額に含めて取り扱う点に留意
する必要がある[1]。この点、具体的な処理例を後で解説する。

　なお、帳簿の保存要件との関係で、帳簿の記載事項として、次の下線の部
分が追加される点に留意が必要である（平成28年改正法附則52条 1 項後段）。

帳簿の記載事項

・課税仕入れの相手方の氏名または名称
・課税仕入れを行った年月日
・課税仕入れに係る資産または役務の内容（当該課税仕入れが軽減税率適
　用品目である場合には、資産の内容および軽減税率適用品目である旨）
　および所得税法等の一部を改正する法律（平成28年法律第15号）附則第
　52条第 1 項の規定の適用を受ける課税仕入れである旨
・課税仕入れに係る支払対価の額（消費税額および地方消費税額がある場
　合には、その額を含む）

　通常の記載事項に加え、例えば「80％控除対象」など、経過措置の適用
を受ける課税仕入れである旨がわかる記載があればよい。

　また、請求書等の保存要件との関係で、免税事業者等が交付する請求書
等には次の事項を記載する必要がある。すなわち、区分記載請求書の記載

1　免税事業者等からの仕入れについて、それが例えば前払費用、繰延資産、無形資産等に該当
　するものである場合に、令和 5 年10月 1 日からの 3 年間については、仕入税額がないとされる
　20％部分については、当該資産の対価の額に含めることになる。

事項と実質同じになる。

請求書等の記載事項

・請求書発行者の氏名または名称
・課税資産の譲渡等を行った年月日（課税期間の範囲内で一定の期間内に
　行った課税資産の譲渡等につきまとめて当該書類を作成する場合には、
　その一定の期間）
・課税資産の譲渡等に係る資産または役務の内容（軽減税率適用品目であ
　る場合には、資産の内容および軽減税率適用品目である旨）
・税率の異なるごとに区分して合計した課税資産の譲渡等の対価の額
・請求書受領者の氏名または名称

　なお、請求書等の交付を受けた事業者が、上記のうちの「軽減税率適用
品目である旨」および「税率の異なるごとに区分して合計した課税資産の
譲渡等の対価の額」を追記することが認められる（平成28年改正法附則52
条3項）。

　また、事業者が、免税事業者等から上記の特例の適用を受けた課税仕入
れにつき、対価の返還等を受けた場合、次のように対価の返還等を受けた
金額に係る消費税額を計算する必要がある（同条4項）。

その仕入れに係る対価の返還等が標準税率適用資産の譲渡等に係るものである場合

その仕入れに係る対価の返還等を受けた金額に係る消費税額

$$= 支払対価の額につき返還等を受けた金額 \times \frac{7.8}{110} \times 80\%$$

その仕入れに係る対価の返還等が軽減税率適用資産の譲渡等に係るものである場合

その仕入れに係る対価の返還等を受けた金額に係る消費税額

$$= 支払対価の額につき返還等を受けた金額 \times \frac{6.24}{108} \times 80\%$$

令和8年10月1日からの3年間については、次項の経過措置が適用される。

（２）令和８年10月１日から同日以後３年を経過する日までの経過措置

　事業者が令和８年10月１日から同日以後３年を経過する日（令和11年９月30日）までの間に行った免税事業者等からの課税仕入れについては、免税事業者等から交付を受けた請求書等を適格請求書等とみなして、その課税仕入れに係る支払対価の額に110分の7.8（その課税仕入れが軽減税率適用の場合は108分の6.24）を乗じて算出した金額に50％を乗じて算出した金額を課税仕入れに係る消費税額とみなす（平成28年改正法附則53条１項）。

　支払対価の額に110分の7.8（その課税仕入れが軽減税率適用の場合は108分の6.24）を乗じて算出した金額に50％を乗じて算出した金額は、控除対象外消費税等になるのではなく、対価の額に含めて取り扱う点に留意する必要がある。この点、具体的な処理例を後で解説する。

　なお、帳簿の保存要件との関係で、帳簿の記載事項として、次の下線の部分が追加される点に留意が必要である（同条１項後段）。

帳簿の記載事項

・課税仕入れの相手方の氏名または名称
・課税仕入れを行った年月日
・課税仕入れに係る資産または役務の内容（当該課税仕入れが軽減税率適用品目である場合には、資産の内容および軽減税率適用品目である旨）<u>および所得税法等の一部を改正する法律（平成28年法律第15号）附則第53条第１項の規定の適用を受ける課税仕入れである旨</u>
・課税仕入れに係る支払対価の額（消費税額および地方消費税額がある場合には、その額を含む）

　例えば「50％控除対象」など、経過措置の適用を受ける課税仕入れである旨の記載があればよい。

　また、請求書等の保存要件との関係で、免税事業者等が交付する請求書等には次の事項を記載する必要がある。すなわち、区分記載請求書の記載事項と実質同じになる。

請求書等の記載事項

> ・請求書発行者の氏名または名称
> ・課税資産の譲渡等を行った年月日（課税期間の範囲内で一定の期間内に行った課税資産の譲渡等につきまとめて当該書類を作成する場合には、その一定の期間）
> ・課税資産の譲渡等に係る資産または役務の内容（軽減税率適用品目である場合には、資産の内容および軽減税率適用品目である旨）
> ・税率の異なるごとに区分して合計した課税資産の譲渡等の対価の額
> ・請求書受領者の氏名または名称

　なお、請求書等の交付を受けた事業者が、上記のうちの「軽減税率適用品目である旨」および「税率の異なるごとに区分して合計した課税資産の譲渡等の対価の額」を追記することが認められる（平成28年改正法附則53条3項）。

　また、事業者が、免税事業者等から上記の特例の適用を受けた課税仕入れにつき、対価の返還等を受けた場合、次のように対価の返還等を受けた金額に係る消費税額を計算する必要がある（同条4項）。

その仕入れに係る対価の返還等が標準税率適用資産の譲渡等に係るものである場合

> その仕入れに係る対価の返還等を受けた金額に係る消費税額
> $=$支払対価の額につき返還等を受けた金額 $\times \dfrac{7.8}{110} \times 50\%$

その仕入れに係る対価の返還等が軽減税率適用資産の譲渡等に係るものである場合

> その仕入れに係る対価の返還等を受けた金額に係る消費税額
> $=$支払対価の額につき返還等を受けた金額 $\times \dfrac{6.24}{108} \times 50\%$

　以上のとおり、トータルで適格請求書等保存方式の導入以後6年間について経過措置が設けられているが、免税事業者が取引から排除されるとい

う問題は残る。免税事業者は、課税事業者となるかどうかを検討すること
になると考えられる。免税事業者の取引相手が消費者、免税事業者、簡易
課税選択事業者[2]である場合は、相手先において不利益は通常生じないた
め、取引から排除されることはないと考えられるが、取引相手が原則課税
の課税事業者であるときは、取引から排除される可能性は生じると考えら
れる。その点を考慮して、検討することになると考えられる。

3. 積上げ計算方式または割戻し計算方式それぞれに おける計算

　仕入税額の計算については、積上げ計算方式と割戻し計算方式の2つが
ある。それぞれの方式ごとの経過措置の適用を受け仕入税額とみなす金額
の計算方法は、次のとおりとなる。

（1）積上げ計算方式

　仕入税額の計算に積上げ計算方式を採用している場合は、経過措置の適
用を受ける取引についても積上げ計算により計算する必要がある。経過措
置の適用を受ける課税仕入れの都度、その課税仕入れに係る支払対価の額
に110分の7.8（軽減税率の対象となる場合は108分の6.24）を乗じて算出し
た金額に80%（または50%）を乗じて算出する。その金額に1円未満の端
数が生じたときは、その端数を切捨てまたは四捨五入する（平成28年消令
附則22条1項1号、23条1項1号）。

　なお、経過措置の適用を受ける課税仕入れを区分して管理し、課税期間
の中途や期末において、当該区分した課税仕入れごとに上記の計算を行う
こととしても問題ない。ただし、この取扱いは、計算を行うタイミングに

2　簡易課税の選択事業者が、免税事業者から仕入れを行う場合、簡易課税の選択事業者は納税
　額の計算においてみなし仕入率を用いて計算するため、適格請求書等（インボイス）に基づく
　必要性はないと考えられる。適格請求書等がなくても、納税事務に支障は生じないと考えられ
　る。簡易課税の選択事業者との取引について、免税事業者が取引から排除される可能性は基本
　的にはないと考えられる。

関してのものであり、まとめた期間の合計額に基づいて計算を認める意味
ではない点に留意する必要がある。なお、課税仕入れごとの計算の意味に
ついては、「第7章 適格請求書等保存方式における税額の計算」の「2.
仕入税額の計算」の（1）の「② 帳簿積上げ計算」の箇所を参照された
い。

（2）割戻し計算方式

　仕入税額の計算に割戻し計算方式を採用している場合は、経過措置の適
用を受ける取引についても割戻し計算により計算する必要がある。課税期
間中に行った経過措置の適用を受ける課税仕入れに係る支払対価の額の合
計金額に110分の7.8（軽減税率の対象となる場合は108分の6.24）を乗じて
算出した金額に80％（または50％）を乗じて算出する（平成28年改正消令
附則22条1項2号、23条1項2号）。

4.免税事業者等からの仕入れに係る経理処理（会計上、インボイス制度導入前の金額で仮払消費税等を計上した場合の法人税の取扱い）

　インボイス制度導入後は、原則として[3]、適格請求書発行事業者以外の者
からの課税仕入れについては、税務上、仮払消費税等の額はないこととな
る。しかし、法人の会計においては、消費税等の影響を損益計算から排除
する目的や、そもそも会計ソフトがインボイス制度に対応していないなど
の理由で、適格請求書発行事業者以外の者からの課税仕入れについてイン
ボイス制度導入前と同様に、支払対価の額に110分の10（軽減税率の対象
となる場合は108分の8）を乗じて算出した金額を仮払消費税等の額とし
て経理することも考えられる。

3　インボイス制度導入以後6年間は、適格請求書発行事業者以外の者からの課税仕入れについ
　て経過措置が適用されるため、仮払消費税等が一部認識される。

　このケースにおける具体的な税務調整の例については、国税庁から公表された「令和３年改正消費税経理通達関係Q＆A」を参考にする必要がある。

設例　免税事業者等からの仕入れに係る処理例

処理例１（費用の支払）

　令和５年10月に、消耗品費を110,000円支払った。支払先は、免税事業者であった。

　経理システムの影響で、110分の10を乗じた額が仮払消費税等として仕訳が起きるものとする。

仕　訳

消耗品費	100,000	現預金	110,000
仮払消費税等	10,000		

　80％を仕入税額とみなす経過措置期間中であるため、次のように処理することが考えられる。

（1）第１の方法

　取引の段階で、仮払消費税等の20％相当額を該当費目に振り替える（取引時点で完結）。

消耗品費	102,000	現預金	110,000
仮払消費税等	8,000		

　または、次のようにいったん仮払消費税等が10,000円計上される仕訳が起きる場合は、続けて仮払消費税等から消耗品費に2,000円振り替える仕訳を起こすことが考えられる。

消耗品費	100,000	現預金	110,000
仮払消費税等	10,000		
消耗品費	2,000	仮払消費税等	2,000

　システムが整備されている場合は、取引段階で処理が完結するため、この処理が簡便である。

（2）第2の方法

決算の段階でまとめて調整する。

（取引段階）

消耗品費	100,000	/	現預金	110,000
仮払消費税等	10,000			

（決算の段階）

消耗品費	2,000	/	仮払消費税等	2,000

　国税庁「令和3年改正消費税経理通達関係Q&A」では、決算の段階で雑損失で損金経理する仕訳例が示されているが、会計上は本来の科目で経理すべきであり、雑損失は重要性が乏しい場合に認められる科目であると考えられる（以下同様）。

　なお、取引に標準税率・軽減税率が混在している場合などは、処理が複雑になる可能性がある。

処理例2（商品の仕入れ）

　令和5年10月1日に、88,000円の商品を20個仕入れた。支払先は、免税事業者であった。20個のうち、5個が期末在庫として残った。

　取引段階では、期末の在庫が何個残るかわからないため、いったん次のように仕訳を起こす。

（取引段階）

仕入	1,600,000	/	買掛金	1,760,000
仮払消費税等	160,000			

（決算の段階）

商品	400,000	/	仕入	400,000
仕入	32,000	/	仮払消費税等	32,000

（申告時）

　別表4で、8,000円を加算（留保）

　仮払消費税等160,000円のうちの20％相当額32,000円は、本来、商品の取得価額に含めるべき金額である。20個のうちの５個が期末に在庫として残ったので、32,000円を全額損金算入すべきではない。４分の１相当額の8,000円について、別表４で加算（留保）する。

処理例３（減価償却資産の取得）

　令和５年10月に建物を取得した。取得価額は11,000,000円であった。支払先は、免税事業者であった。20年の定額法適用とする。９月決算会社であったものとする。

（１）第１の方法

　取引の段階で、仮払消費税等の20％相当額を建物に振り替える（取引時点で完結）。

| 建物 | 10,200,000 | 未払金 | 11,000,000 |
| 仮払消費税等 | 800,000 | | |

10,200,000円を取得価額として、償却限度額を算出することで問題ない。

　システムが整備されている場合は、取引段階で処理が完結するため、この処理が簡便である。

（２）第２の方法

（取引段階）

| 建物 | 10,000,000 | 未払金 | 11,000,000 |
| 仮払消費税等 | 1,000,000 | | |

（決算の段階）

減価償却費	500,000	建物	500,000
建物	200,000	仮払消費税等	200,000
減価償却費	10,000	建物	10,000

　決算時に200,000円を仮払消費税等から建物に振り替えた上で、それに

対応する減価償却費を追加で計上する。

5. 免税事業者の把握・管理

　免税事業者は、令和5年10月1日以後の適格請求書等保存方式の下では、適格請求書等を発行することができなくなり、それをカバーするための経過措置が6年間の時限措置で設けられた。

　事業者が免税事業者から仕入れを行う場合に、仕入税額控除の取扱いが課税事業者からの仕入れの場合の取扱いと異なるため、免税事業者を別管理する必要性が生じる。免税事業者を取引先マスターの中で管理するという方法が考えられる。免税事業者が途中で課税事業者を選択する可能性もあるため、それもフォローしていく必要が生じる。この点、免税事業者との間で、課税事業者に変更して適格請求書発行事業者となった場合、またはその逆の場合には、速やかに連絡する旨の誓約書を取り交わしておく方法も考えられる。ただし、連絡を失念する可能性もあるので、一定のフォローを行うことが必要であると思われる。

第9章

実務上の諸課題への対応

　本章では、インボイス制度下において実務上問題となりやすい論点を取り上げる。

1. 請求書等に記載された消費税額等と帳簿に記載された消費税額等にずれが生じる場合の取扱い

　請求書等に記載された消費税額等と帳簿に記載された消費税額等にずれが生じる場合、現行の区分記載請求書等保存方式においては問題にならないが、適格請求書等保存方式の下では一の請求書につき消費税額等の端数処理は１回のみとされたことから、そのずれの調整の問題が新たに生じることになる。

　以下、売上税額の取扱いと仕入税額の取扱いを分けて、詳しく解説する。

（1）売上税額の取扱い

　日々の取引については取引相手に納品書を交付し、請求書は月まとめで１ヵ月に１回交付する場合を前提とする。納品書に消費税額等を記載しないで、月まとめの請求書に消費税額等を記載するものとする。

　帳簿への記帳上は納品書単位で本体価額と消費税額等を記載しているものとした場合に、課税期間中の請求書等の消費税額等の合計額と、帳簿上の仮受消費税等の合計額が不一致になる。仮に帳簿への記帳において、消費税額等の１円未満の端数を切捨てて処理していたとすると、請求書等の消費税額等の合計額よりも帳簿上の仮受消費税等の合計額の方が少額になる。

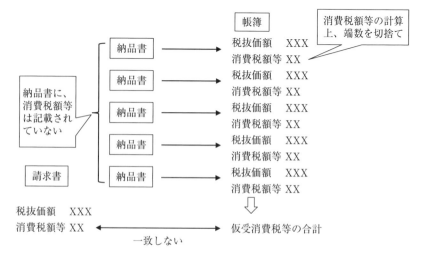

　このようなずれが生じる場合に、売上税額の計算について、割戻し計算方式を採用している場合と積上げ計算方式を採用している場合で、対応が異なる点に留意する必要がある。積上げ計算方式の場合は調整不要であるが、割戻し計算方式の場合は調整が必要になる点に留意する必要がある。以下、それぞれの取扱いを説明する[1]。

① **割戻し計算方式の場合**

　割戻し計算方式の場合、課税期間中の課税資産の譲渡等の対価の額に基づいて課税標準額を計算することになるが、この課税標準額は、対価として収受し、または収受すべき金銭等で、消費税および地方消費税に相当する額を含まないものと規定されているため、実際に収受された請求書等に記載された税込価額に基づいて計算しなければならず、帳簿に記載された仮受消費税等に基づいて計算してはいけない。すなわち、課税期間中の請求書等に記載された税込価額に110分の10（または108分の8）を乗じて計算することになる。

　帳簿に記載された仮受消費税等と実際の消費税額等との差額の調整は、次のように請求書の記載の仕方によって、2通りに分かれると考えられる。

(i)　請求書上、本体価額の合計額に基づいて消費税額等の計算を行う場合

　請求書上、商品の本体価額の合計額に対して消費税率を乗じて消費税額の計算を行う場合、帳簿に記載された仮受消費税等と実際の消費税額等との差額は、売掛金に係る請求書上の金額と帳簿上の金額との差額と一致すると考えられる。実際に収受された金額と帳簿上の売掛金との間にも同額の差異が理論上生じるため、仮受消費税額等の調整により売掛金の消込み差額も解消されると考えられる。

1　週刊税務通信No.3694（令和4年3月7日号）、P15参照。

具体例

納品書（税込価額）		帳簿の記載			
108	本体価額	99	仮受消費税等	9	
225	本体価額	205	仮受消費税等	20	
185	本体価額	169	仮受消費税等	16	
合計　518		473		45	

仮受消費税等は、税込価額に10/110を乗じて計算

請求書

　請求書上、各商品の本体価額の合計額473に対して消費税率10％を乗じて計算した額である47が消費税額等として記載されているものとする。

消費税額等：473×10％＝47　税込価額＝本体価額473＋消費税額等47＝520

　帳簿に記載された売掛金の金額（税込金額）と実際の入金額（請求書上の税込金額）との間に差異が生じることになり、次のように調整することが考えられる。

　例　帳簿に記載された売掛金の金額　　518

　　　　実際の入金額　　　　　　　　　520

　現預金　　　520　／　売掛金　　　518

　　　　　　　　　　／　仮受消費税等　2

　ただし、入金ごとに上記のような調整を行うことは実務負担につながるため、次に示すように、決算時等にまとめて調整することが考えられる。

　売掛金　　　×××　／　仮受消費税等　　　×××

(ⅱ)　請求書上、税込価額の合計額に基づいて消費税額等の計算を行う場合

　請求書上、納品書に記載された税込価額の合計額に基づいて消費税額等を割戻しにより計算を行う場合、帳簿に記載された仮受消費税等と実際の消費税額等との差額は、本体価額（売上）に係る請求書上の金額と帳簿上の金額との差額と一致すると考えられる。仮受消費税額等の調整により同額の売上が調整されると考えられる。

　例えば、次のケースにおいて、売上と仮受消費税等との間で2の調整が行われる。

納品書（税込価額）	帳簿の記載				
108	本体価額	99	仮受消費税等	9	
225	本体価額	205	仮受消費税等	20	
185	本体価額	169	仮受消費税等	16	
合計　518		473		45	

（仮受消費税等は、税込価額に10/110を乗じて計算）

請求書

請求書上、納品書の税込価額の合計額518に基づいて、割戻しにより計算した額である47が消費税額等として記載されているものとする。

消費税額等：518×10/110＝47　本体価額：518−47＝471

帳簿の仮受消費税等と本体価額（売上）を次のように調整する。

売上　　2　／　仮受消費税等　　2

交付した請求書等に記載された消費税額等と帳簿に計上した仮受消費税等との間で生じるずれの金額を把握する必要はあるが、課税期間末に、課税期間における課税売上げに占める8％対象の売上げと10％対象の売上げの比率を用いてずれの金額を按分し、それぞれの税率に対応する仮受消費税等を増減するといった方法も合理的なものとして認められると考えられる。

なお、実務負担の観点から上記のような調整を回避するために、納品書に消費税額等を記載する方法に改めることも考えられる。請求書には、税込金額のみを記載する（または納品書に記載された税抜価額と消費税額等の合計をそのまま記載する）。その場合は、納品書に記載された消費税額等と帳簿に記載する消費税額等が一致することになり、上記のようなずれは生じない。

②　積上げ計算方式の場合

売上税額の計算について積上げ計算方式を適用している場合、適格請求書等の写しに記載された消費税額等と帳簿に記帳された消費税額等にずれが生じた場合であっても、調整は必要ない。積上げ計算方式の場合、適格請求書等の写しに記載された消費税額等を積み上げることになる。帳簿に

記載された仮受消費税等は関係がないことになる。

　決算時に、「仮受消費税等」と「仮払消費税等」を相殺した額と、適格請求書等に記載された消費税額等に基づいて算出された未払消費税等の額との差額は、従来どおり、雑損失または雑収入（消費税の課税対象外）として処理することになる。

　先の例のように、帳簿に記載する段階で、消費税額等の1円未満の端数を切り捨てている場合には、請求書等の消費税額等の合計額よりも帳簿上の仮受消費税等の合計額の方が少額になるため、雑損失が計上されることになると考えられる。

仮受消費税等	ＸＸＸ	/	仮払消費税等	ＸＸＸ
雑損失	Ｘ	/	未払消費税等	ＸＸＸ

　ただし、先の割戻し計算方式の場合の箇所で説明したように、売掛金に係る帳簿上の金額と請求書上の金額との差額が生じるケースの場合、帳簿に記載された売掛金の金額と実際の入金額との間の差異を調整しないと、売掛金の消込み差額が生じることになるため、売掛金の消込み差額が生じないように調整を行うことは考えられる。

（2）仕入税額の取扱い

　仕入税額の取扱いも、基本的には売上税額の取扱いで説明した内容と同様である。割戻し計算方式を適用した場合は、一定の調整が必要になる点に留意する必要がある。

①　割戻し計算方式の場合

　割戻し計算方式を適用した場合、当該課税期間中に国内において行った課税仕入れに係る支払対価の額を税率の異なるごとに区分して合計した金額に110分の7.8（または軽減税率適用の場合は108分の6.24）を乗じて算出した金額の合計額を課税仕入れに係る消費税額とすることになる。

　帳簿に記載された仮払消費税等と実際の消費税額等との差額の調整は、次のように請求書の記載の仕方によって、2通りに分かれると考えられる。

(i) 請求書上、本体価額の合計額に基づいて消費税額等の計算が行われている場合

　請求書上、商品の本体価額の合計額に対して消費税率を乗じて消費税額の計算が行われている場合、帳簿に記載された仮払消費税等と実際の消費税額等との差額は、買掛金に係る請求書上の金額（実際に支払う金額）と帳簿上の金額との差額と一致すると考えられる。

　仮払消費税等と買掛金との間で振替仕訳を起こし、調整することが考えられる。実際に支払った金額と帳簿上の買掛金との間にも同額の差異が理論上生じるため、上記の調整で買掛金の消込み差額も解消されると考えられる。

　具体的には、帳簿に記載された買掛金の金額（税込金額）と実際の支払額（請求書上の税込金額）との間に差異が生じることになり、次のように調整することが考えられる。

　例　帳簿に記載された買掛金の金額　　98

　　　実際の支払額　　　　　　　　　100

　買掛金　　　98　　／　現預金　　　100
　仮払消費税等　2　　／

　ただし、支払ごとに上記のような調整を行うことは実務負担につながるため、次に示すように、決算時等にまとめて調整することが考えられる。

　仮払消費税等　ＸＸＸ　／　買掛金　　　ＸＸＸ

(ii) 請求書上、税込価額の合計額に基づいて消費税額等の計算が行われている場合

　請求書上、納品書に記載された税込価額の合計額に基づいて割戻しにより消費税額等の計算が行われている場合、帳簿に記載された仮払消費税等と実際の消費税額等との差額は、本体価額（仕入または費用）に係る請求書上の金額と帳簿上の金額との差額と一致すると考えられる。仮払消費税額等の調整により同額の本体価額が調整されると考えられる。

納品書（税込価額）	帳簿の記載				
272	本体価額	248	仮払消費税等	24	仮払消費税等は、税込価額に10/110を乗じて計算
336	本体価額	306	仮払消費税等	30	
258	本体価額	235	仮払消費税等	23	
160	本体価額	146	仮払消費税等	14	
合計　1,026		935		91	

請求書

　請求書上、納品書の税込価額の合計額1,026に基づいて、割戻しにより計算した額である93が消費税額等として記載されているものとする。

消費税額等：1,026×10/110＝93　　本体価額：1,026−93＝933

　帳簿の仮払消費税等と本体価額（仕入または費用）を調整する。

　仮払消費税等　　　2　／　仕入（または費用）　　2

②　積上げ計算方式の場合

　仕入税額の計算について積上げ計算方式を適用している場合、適格請求書等に記載された消費税額等と帳簿に記帳された消費税額等にずれが生じた場合であっても、調整は必要ない。積上げ計算方式の場合、適格請求書等に記載された消費税額等を積み上げることになる。また、帳簿積上げ計算を適用する課税仕入れについては、帳簿に記載された仮払消費税等を積み上げることになる（ずれは生じない）。

　請求書等積上げ計算については、帳簿の記載の方法やタイミングによっては、適格請求書等に記載された消費税額等と帳簿に記載された仮払消費税等にずれが生じることもあり得るが、決算時に、「仮受消費税等」と「仮払消費税等」を相殺した額と、適格請求書等に記載された消費税額等に基づいて算出された未払消費税等の額との差額は、従来どおり、雑損失または雑収入（消費税の課税対象外）として処理することになる。

　ただし、先の割戻し計算方式の場合の箇所で説明したように、買掛金に係る帳簿上の金額と請求書上の金額との差額が生じるケースの場合、帳簿に記載された買掛金の金額と実際の支払額との間の差異を調整しないと、

買掛金の消込み差額が生じることになるため、買掛金の消込み差額が生じないように調整を行うことは考えられる。

　一方、帳簿積上げ計算を適用する課税仕入れについては、その帳簿に記載された仮払消費税等を積み上げることになるため、ずれは生じないことになると考えられる。

2. 課税期間をまたぐ適格請求書による税額の計算

（1）売上税額の計算

　例えば３月決算の法人で、売上げの請求書について毎月20日締めとしているものとする。３月21日から４月20日までの期間に係る適格請求書に、同期間に係る消費税額等を記載している場合に、これを基に売上税額について、積上げ計算することができるのかという問題が生じる。

　上記のような適格請求書を交付した場合、翌課税期間（４月１日から４月20日まで）の消費税額等も合計して記載されていることになるため、これを基に売上税額の積上げ計算をすることはできない。

　売上税額の計算については、割戻し計算と積上げ計算を併用することが認められている。したがって、上記のようなケースにおいて、３月21日から３月31日まで（期末を含む請求書の期間）および４月１日から４月20日まで（期首を含む請求書の期間））の取引については割戻し計算とし、それ以外の期間（４月21日から翌年３月20日）の取引については積上げ計算とすることも可能である（この場合は、売上税額の計算について積上げ計算方式を適用していることになる）。

　また、課税期間をまたぐ期間（３月21日から３月31日および４月１日から４月20日）に係る取引をまとめて一の適格請求書とする場合、当該適格請求書において、課税期間の範囲に応じて適格請求書の記載事項をそれぞれ区分して記載していれば、その課税期間で区分した税率ごとに合計した課税資産の譲渡等に係る税込対価（税抜対価）の額から算出した消費税額等を当該適格請求書に係る消費税額等としても問題ない。一の請求書につ

き税率の異なるごとに1回の端数処理というルールはこのケースには当てはまらないことになる。

　一方で、課税期間をまたがない期間について一の適格請求書を交付する場合においては、その期間内で任意に区分した期間に応じた税率ごとに合計した課税資産の譲渡等に係る税込対価（税抜対価）の額から算出した消費税額等を記載したとしても、当該消費税額等は、適格請求書の記載事項としての消費税額等とはならない点に留意する必要がある。

　なお、法人税基本通達2－6－1により決算締切日を継続して3月20日としているような場合、消費税の資産の譲渡等の時期についても、同様とすることが認められている（消基通9－6－2）。このように決算締切日により、法人税および消費税の申告をしている場合には、売上税額の積上げ計算のための課税期間ごとの区分の対応は不要である。

（2）仕入税額の計算

　例えば3月決算の法人で、取引先から、3月21日から4月20日までの期間をまとめた消費税額等が記載されている適格請求書の交付を受けた場合に、これを基に仕入税額について積上げ計算することができるのかという問題が生じる。

　上記のような適格請求書の交付を受けた場合、当課税期間（3月21日から3月31日まで）の消費税額等と翌課税期間（4月1日から4月20日まで）の消費税額等が合計して記載されていることになるため、これを基に仕入税額の請求書等積上げ計算をする場合は、当課税期間に係る消費税額等と翌課税期間に係る消費税額等について、それぞれの期間の取引に係る消費税額等を算出し、それぞれの期間が含まれる課税期間においてそれぞれ積上げ計算をする必要がある。

　また、仕入税額の積上げ計算は、課税仕入れの都度、課税仕入れに係る支払対価の額に110分の10（軽減税率の対象となる場合は108分の8）を乗じて算出した金額（1円未満の端数は、切捨てまたは四捨五入）を仮払消

費税額等などとし、帳簿に記載（計上）している場合は、その金額の合計額に100分の78を掛けて算出する方法も認められる（帳簿積上げ計算）（消令46条2項）。

なお、法人税基本通達2－6－1により決算締切日を継続して3月20日としている場合、消費税の課税仕入れの時期についても、同様とすることが認められている（消基通11－3－1）。このように決算締切日により、法人税および消費税の申告をしている場合には、仕入税額の積上げ計算のための課税期間ごとの区分の対応は不要である。

3. 売手負担の振込手数料の取扱い

（1）売手負担の振込手数料に係る考え方

買手が売手に販売代金等を振り込む場合に、振込手数料を本来は買手が負担するのが原則であるが、実務上売手負担とするケースも少なくない。その場合は、買手が請求金額から振込手数料を差し引いて振り込む形をとる。

この場合の振込手数料について、消費税法上、2つの考え方がある。1つは、売手が値引きを行った（売上げに係る対価の返還等を行った）という考え方、もう1つは、売手にとっての課税仕入れにあたるという考え方である。実務上はいずれかの考え方に立って処理することになるが、令和5年度税制改正により、売上げに係る対価の返還等に係る税込価額が1万円未満である場合はその適格返還請求書の交付義務を免除するとされる見込みであることから、多くの企業において売手が値引きを行ったという考え方に立って処理することになると考えられる。

（2）売手の値引きとした場合の処理

① 少額取引に係る適格返還請求書の交付義務の免除

売手の値引きとした場合、買手が課税事業者であるときは、売手から買手に対して、適格返還請求書の交付義務が生じることになる。

　しかし、令和5年度税制改正により、売上げに係る対価の返還等に係る税込価額が1万円未満である場合は、その適格返還請求書の交付義務を免除するとされる見込みである。振込手数料は、通常税込価額1万円未満であるため、この改正により、適格返還請求書の交付義務が免除されることになると考えられる。

　売手は、帳簿にその明細の記載があることにより、売上税額から対価の返還等に係る消費税額の控除が認められる（消法38条2項）。帳簿の記載事項は、次のように現行と変わらない見込みである（消規27条1項2号）。一方、買手は仕入税額から対価の返還等に係る消費税額の控除を行うことになる。

帳簿の記載事項

　イ　資産の譲渡等に係る対価の返還等を受けた者の氏名または名称

　ロ　資産の譲渡等に係る対価の返還等をした年月日

　ハ　資産の譲渡等に係る対価の返還等の内容

　ニ　資産の譲渡等に係る対価の返還等をした金額

②　経理処理との関係

　売手が負担する振込手数料を、会計上は支払手数料として費用処理し、消費税法上は対価の返還等として取り扱うことは差し支えない旨が明らかにされた（財務省「インボイス制度の負担軽減措置（案）のよくある質問とその回答（令和5年1月20日時点）」問18）。

　会計処理と消費税法上の処理が泣き別れになっても問題ないという意味であり、これにより会計上売上の減額処理をしないで、支払手数料として費用処理しても、消費税法上は対価の返還等があったものとして処理することが可能となる。

（3）売手の課税仕入れとした場合の処理

　売手の課税仕入れとした場合は、売手が負担すべき振込手数料を買手が

立て替えて支払ったものと整理することになると考えられる。この場合に
注意しなければならないのは、売手が仕入税額控除を行うために、買手が
金融機関から受領した振込サービスに係る適格請求書と買手が作成した立
替金精算書の交付を受け、これを売手が保存することが必要となる点であ
る。令和5年度税制改正を考慮すると、多くの企業はこのような実務負担
の生じる処理は選択しないで、先の売手が値引きを行ったという考え方に
立った処理を選択するものと予想される。

　ただし、買手が金融機関のATMを利用して振込をした場合には、自
動販売機・自動サービス機特例（消法30条7項、消令49条1項2号、消規
15条の4第1号、26条の6第1号）が適用されるので、適格請求書および
立替金精算書ともに不要となる。すなわち、売手において帳簿のみの保存
により仕入税額控除の適用が認められる。その場合、一定事項を帳簿に記
載する必要があり、課税仕入れの相手方となる振込みが行われた金融機関
の名称や、ATMを使って振り込まれたものである旨などの記載が必要に
なる点に留意する必要がある（例：自動販売機・自動サービス機特例
○○銀行○○支店 ATM）。

　一方、買手が金融機関の窓口で振込サービスの提供を受けた場合は、適
格簡易請求書の交付を受ける必要がある。売手は、その適格簡易請求書の
交付を受け、それと帳簿の保存により、仕入税額控除の適用を受けること
になる。この場合は、立替金精算書は不要である[2]。

　ただし、買手がどのような方法で振り込んだのかを売手がその都度確認
することは困難であると思われる。

（4）ネットバンキングによる振込の場合

　ネットバンキングによる振込は、自動販売機・自動サービス機特例の対

2　適格簡易請求書には宛名の記載がないため、課税仕入れを行った者を明らかにするための立
　替金精算書は不要である。

象外である。自動販売機・自動サービス機特例の対象となるのは、代金の受領と資産の譲渡等がその機械装置のみにより自動で完結するものをいう（インボイス通達3-11）。金融機関のATMによる振込は同特例の対象になるが、ネットバンキングのように機械装置のみで代金の受領と資産の譲渡等が完結しないものは対象外である（適格請求書Q&A・問40）。

　したがって、ネットバンキングで振込を行う場合の振込手数料は、原則通り、一定の事項が記載された帳簿および適格請求書等の保存がなければ仕入税額控除の適用が認められなくなる点に留意しなければならない。なお、ネットバンキングの手数料については、適格請求書ではなく適格簡易請求書でよいとされる可能性があるようである。国税庁の今後の動向に留意されたい。

　買手が振込手数料を控除して振込をした場合、その振込手数料を売手の課税仕入れとして処理する場合は、買手宛に振込手数料に係る適格請求書等が発行されるため、その買手宛の適格請求書等の保存を行うことになる。

（5）買手の処理

　買手の処理についても、売手負担の振込手数料を（1）売手の値引きとして取り扱うのか、または、（2）売手の課税仕入れとして取り扱うのかによって、対応が異なると考えられる。

　以下、具体的な例により説明する。

設例　売手負担の振込手数料（買手側の処理）

前提条件

商品の代金　　110,000円（うち消費税等10,000円）

振込手数料　　　880円（うち消費税等80円）

買手は売手に対して、商品代金110,000円（うち消費税等10,000円）から振込手数料880円（うち消費税等80円）を差し引いて、109,120円を振り込んだ。

① **売手の値引きとして取り扱う場合**

上記の設例について、売手の値引きとして取り扱う場合の買手の処理を説明する。

売手の値引きとして取り扱う場合、買手にとっては、880円は仕入れに係る対価の返還等を受けたものとして取り扱われるため、仕入税額10,000円を認識し、それとは別に対価の返還等を受けた金額に係る消費税等80円を認識すればよいと考えられる。また、この場合、買手が振込手数料を負担したことになるため、買手の経費に計上する。

なお、対価の返還等を受けた金額に係る消費税を仕入税額から控除することについては、仮に適格返還請求書の交付を受けていない場合であっても、仕入税額から控除することになると考えられる（消法32条1項）。

仕入	100,000	現預金	110,000
仮払消費税等	10,000		
現預金	880	仕入	800
		仮払消費税等	80
経費（振込手数料）	800	現預金	880
仮払消費税等	80		

② **売手の課税仕入れとして取り扱う場合**

売手の課税仕入れとして取り扱う場合は、買手は振込手数料を立て替えて支払ったに過ぎないと考えられる。買手において振込手数料に係る経費の計上はないことになる。

仕入	100,000	現預金	110,000
仮払消費税等	10,000		
立替金	880	現預金	880
現預金	880	立替金	880

4. 銀行等の金融機関から振込サービス等の役務提供を受けた場合

　銀行等から振込サービス等の役務提供を受けた場合、その手数料に係る仕入税額控除を受けるためには、その手続の態様に応じた対応が求められる。大きく、窓口で手続をした場合、ネットバンキングで手続をした場合、ATM を利用して手続をした場合に分けて、整理する必要がある。

（１）窓口で手続をした場合

　銀行等の窓口で振込の手続をした場合、振込手数料について領収書の交付を受けることになる。窓口での業務は、不特定多数の者に対して課税資産の譲渡等を行う事業に該当すると解されるため、適格請求書ではなく適格簡易請求書の交付を受けることで足りると考えられる。適格簡易請求書および帳簿の保存により、振込手数料（課税仕入れ）について仕入税額控除が認められることになる。

（２）ネットバンキングで手続をした場合

　ネットバンキングで振込の手続をした場合、一の機械装置のみで代金の受領と資産の譲渡等が完結するものに該当しないため、自動販売機・自動サービス機特例の対象にはならない。

　適格請求書の交付を受け、その適格請求書および帳簿の保存により、振込手数料（課税仕入れ）について仕入税額控除が受けられると考えられる。なお、ネットバンキングの手数料については、適格請求書ではなく適格簡易請求書でよいとされる可能性があるようである。国税庁の今後の動向に留意されたい。

（３）ATM を利用して手続をした場合

　銀行等の ATM による手数料を対価とする入出金サービスや振込サービ

ス等は、機械装置のみにより代金の受領と資産の譲渡等が完結するものに該当する。自動販売機・自動サービス機特例の対象になる。

　帳簿のみの保存により仕入税額控除が認められるが、帳簿の記載事項として、例えば「自動販売機・自動サービス機特例」およびATMの設置場所（例えば、「○○銀行○○支店　ATM」）の記載が必要になる。

5. 従業員等の出張旅費等の取扱い（公共交通機関特例と出張旅費等特例との区別（使い分け））

　従業員等の出張旅費等については、「第6章　適格請求書等保存方式における仕入税額控除の要件」の「2.帳簿のみの保存により仕入税額控除が認められる取引」の箇所で詳しく解説しているが、ここでは公共交通機関特例と出張旅費等特例との区別（使い分け）という論点を取り上げる。

　第6章でも取り上げたが、旅費交通費の精算については、次の表のように会社が経費の支払先に直接支払うケースと会社が従業員等に実費相当額を直接支払うケースに分類ができる。

旅費交通費の取扱い

	会社が経費の支払先に直接支払う場合	会社が従業員等に実費相当額を直接支払う場合
課税仕入れの相手方	公共交通機関等	従業員等
インボイスの要否	原則、会社宛のインボイス必要ただし、従業員宛のインボイス＋従業員の作成した立替金精算書でもOK	インボイスは不要
帳簿のみ保存の特例（インボイス不要）	・公共交通機関特例（3万円未満の公共交通機関運賃）→帳簿に公共交通機関特例である旨を記載　・入場券等回収特例（3万円以上の公共交通機関運賃（券回収））	・出張旅費等特例（金額基準なし）「その旅行に通常必要であると認められる部分」(注) の金額については、帳簿のみの保存により仕入税額控除が認められる。→帳簿に出張旅費等特例である旨を記載

→帳簿に入場券等回収特例である旨および仕入れの相手方（公共交通機関）の所在地の記載が必要[3]	（注）所得税基本通達9-3《非課税とされる旅費の範囲》に基づき判定

両者の区別（使い分け）であるが、例えば近郊の日帰り出張については３万円未満の公共交通機関運賃しか発生しない場合がほとんどであると思われる。その場合は、表の左側の「３万円未満の公共交通機関運賃」に係る公共交通機関特例を適用し、帳簿に公共交通機関特例である旨を記載する対応が実務的に簡便である。従業員等から、支払日時、支払額、利用区間等の報告を受け、それに基づいて処理することが考えられる。

一方、遠隔地の出張の場合、出張旅費、日当、宿泊費について、従業員等が出張旅費等に係る精算書を作成し、経理部との間で精算の事務が行われるのが通常である。この場合は、出張旅費等特例を適用し、帳簿に出張旅費等特例である旨を記載することにより、帳簿のみの保存により仕入税額控除の適用が認められる。

支払の相手先が従業員等のみである場合は、近郊の出張であれ遠隔地の出張であれ、一律出張旅費等特例を適用することができる。出張旅費等特例は、支払先が従業員等であることを前提とした取扱いである点に留意する必要がある。したがって、会社が、航空会社、ホテル等に直接支払う場合は、適格請求書等を入手する必要がある。

このような処理フローを想定しておいて、あらかじめ従業員等に対して、ケースに応じた事務処理方法を経理部から周知しておく対応が考えられる。

3　ただし、入場券等回収特例は、乗車券が適格簡易請求書の記載事項を満たしていることが前提となるため、要件を満たせるケースは限定されるように思われる。

6. インボイス制度下における交際費等に係る対応

（1）1人当たり5,000円基準について

交際費等の範囲から、1人当たり5,000円以下の飲食費（社内飲食費[4]を除く）は、一定の要件の下で、交際費等の範囲から除外される。

交際費等の範囲から除外する要件としては、飲食その他これに類する行為のために要する費用について次に掲げる事項を記載した書類を保存していることが必要とされる（措法61条の4第6項2号、8号、措規21条の18の4）。

- ・その飲食等のあった年月日
- ・その飲食等に参加した得意先、仕入先その他事業に関係のある者等の氏名または名称およびその関係
- ・その飲食等に参加した者の数
- ・その費用の金額ならびにその飲食店、料理店等の名称およびその所在地

（2）インボイス制度下において免税事業者に飲食費を支出した場合の取扱い

インボイス制度下において免税事業者に飲食費を支出した場合の論点として、1人当たり5,000円以下かどうかの判定および接待飲食費の50％損金算入の取扱いが論点になる。特に経過措置期間中の処理に留意が必要である。

① 免税事業者に飲食費の支出をした場合（1人当たり5,000円以下かどうかの判定）

1人当たり5,000円以下であるかどうかについては、その法人の消費税

---

4 社内飲食費とは、専ら当該法人の役員もしくは従業員またはこれらの親族に対する接待等のために支出する飲食費をいう。

に係る経理処理が税抜経理方式である場合は税抜価額で判定し、税込経理方式である場合は税込価額で判定する。インボイス制度下において、適格請求書発行事業者に交際費等の支出を行った場合は、従来と同様に判定を行えばよいと考えられる。

　一方、免税事業者に飲食費の支出を行った場合、従来と異なる対応が求められる。「適格請求書発行事業者以外の者から行った課税仕入れに係る取引について税抜経理方式で経理をしている場合であっても、その取引の対価の額と区分して経理をした消費税等の額に相当する金額を当該課税仕入れに係る取引の対価の額に含めて法人税の課税所得金額を計算する。」とされる（新経理通達14の2）。控除対象外消費税等となるのではなく、対価の額に含めて経理する点がポイントであり、費用または資産の対価の額に含めて処理する必要があることになる。

　したがって、税抜経理方式を採用している法人が免税事業者に交際費等の支出を行った場合、税抜価額だけでなく、仕入税額がないとされる部分も含めて、1人当たり5,000円以下であるかどうかを判定する必要が生じることになる点に留意する必要がある。

②　経過措置期間中の取扱い

　免税事業者等（免税事業者、適格請求書発行事業者の登録を受けていない課税事業者、消費者等）からの課税仕入れについては、適格請求書等保存方式の導入以後3年間は課税仕入れに係る支払対価の額に110分の7.8（または108分の6.24）を乗じて算出した金額に80％を乗じて算出した金額を、その後の3年間は課税仕入れに係る支払対価の額に110分の7.8（または108分の6.24）を乗じて算出した金額に50％を乗じて算出した金額を課税仕入れに係る消費税額とみなすとされ（平成28年改正法附則52条、53条）、免税事業者等からの仕入れが急激に不利にならないようにする経過措置が期間限定で置かれている。

免税事業者等からの課税仕入れに係る消費税額

課税仕入れの時期	課税仕入れに係る消費税額
令和元年10月1日から令和5年9月30日	課税仕入れに係る支払対価の額に110分の7.8（または108分の6.24）を乗じて算出した金額
令和5年10月1日から令和8年9月30日	課税仕入れに係る支払対価の額に110分の7.8（または108分の6.24）を乗じて算出した金額×80%
令和8年10月1日から令和11年9月30日	課税仕入れに係る支払対価の額に110分の7.8（または108分の6.24）を乗じて算出した金額×50%
令和11年10月1日以降	なし

　免税事業者に飲食費の支出を行った場合を前提とした場合、接待飲食費に係る1人当たり5,000円以下かどうかの判定については、次のように取り扱うものと考えられる。なお、標準税率を前提として記述している。

　令和5年10月1日から令和8年9月30日までの3年間については、その税抜価額に支払対価の額に110分の10を乗じて算出した金額に20%を乗じて算出した金額を加算した額が5,000円以下であるかどうかを判定する。

　令和8年10月1日から令和11年9月30日までの3年間については、その税抜価額に支払対価の額に110分の10を乗じて算出した金額に50%を乗じて算出した金額を加算した額が5,000円以下であるかどうかを判定する。

　令和11年10月1日以後については、その支払対価の額が5,000円以下であるかどうかを判定する。

	税抜価額(注)①	支払対価×10/110②	②のうち対価の額に含めるべき額③	①+③	支払対価
令和5.10.1～令和8.9.30	4,902	490	98（②×20%）	5,000	5,392
令和8.10.1～令和11.9.30	4,762	476	238（②×50%）	5,000	5,238

令和11.10.1～	4,546	454	454 （②×100％）	5,000	5,000

（注）税抜価額と表記しているが、③の額は仕入税額ではないため、正確な表現ではない。正確には支払対価の額から②の数値を控除した額である（以下、本文も同様）。

　上記の表でいえば、①と③の合計額が5,000円以下であるかどうかを判定することになる。例えば、令和5年10月1日以後の3年間については税抜価額が4,902円以下であるかどうか（支払対価の額が5,392円以下であるかどうか）、その後の3年間については税抜価額が4,762円以下であるかどうか（支払対価の額が5,238円円以下であるかどうか）で判定することになる。

③　接待飲食費の50％相当額の取扱い

　法人が平成26年4月1日から令和6年3月31日までの間に開始する各事業年度において支出する交際費等の額については、接待飲食費の額の50％相当額を損金の額に算入することとされている。

　税抜経理方式を適用している場合における交際費等に係る控除対象外消費税等の額のうち飲食費に係る金額は、接待飲食費の額に含まれることになる（平元.3.1個別通達12（注）3）。

　インボイス制度下においても、適格請求書発行事業者からの課税仕入れについては同様に取り扱われるものと考えられるが、免税事業者からの課税仕入れについてどのように取り扱われるかが論点になる。

　この点については、1人当たり5,000円基準の取扱いと同様に、仕入税額がないとされる部分（令和5年10月1日以後の3年間については支払対価の額に110分の10を乗じた額の20％部分、その後の3年間については50％部分）を含めて（先の例でいえば①＋③の合計額）の50％相当額を計算することになると考えられる。

7. クレジットカード払の取扱い

（1）クレジットカード利用明細書の位置づけ

クレジットカード利用明細書は、クレジットカード会社が発行したものであり、課税資産の譲渡等を行った事業者が発行したものではない。クレジットカード利用明細書と帳簿の保存のみでは、仕入税額控除は認められない。

インボイス制度下においては、支払対価の額が3万円未満の場合に一定事項を記載した帳簿のみの保存により仕入税額控除を受けられる規定（消令49条1項1号）がなくなるので、支払対価の額が3万円未満のものも含め、課税資産の譲渡等を行った事業者から適格請求書（または適格簡易請求書でよい取引については適格簡易請求書）の記載事項を満たす領収書等の交付を受け、保存する必要がある。

（2）インボイス制度下における対応

インボイス制度下においては、帳簿のみの保存により仕入税額控除が認められる9つの取引を除いて、原則として、課税資産の譲渡等を行った事業者から適格請求書等の交付を受ける必要がある。

例えば、石油会社（Ｅ社）がガソリンスタンドで給油が受けられるカードを発行しており、法人が複数のカードを従業員に交付し、従業員がガソリンスタンドを利用すると、法人のクレジットカード払で法人口座から一括して引き落とされるサービスがある。インボイス制度導入後は、各従業員がガソリンスタントで給油サービスを受ける都度、利用明細書（適格簡易請求書の要件を満たした領収書等）の交付を受ける必要性が生じることとなるようである。

（3）高速道路のＥＴＣ利用料金の取扱い

クレジットカード会社等が発行主体となっているＥＴＣクレジットカー

ドの利用については、登録することで利用できるWEB上の「ETC利用照会サービス」（高速道路の会社6社が運営）において適格簡易請求書（電子データ）が交付される予定とされている。すなわち、「ETC利用照会サービス」においては、利用証明書を入手することができるが、この利用証明書を適格簡易請求書（電子データ）として入手することができるようになる予定である。

　一定期間ごとに、「ETC利用照会サービス」において「利用証明書」を入手し、それを保存することが必要になると考えられる。電子データでの保存については、適格簡易請求書の記載事項を満たした電子データをダウンロードするか、または、紙に主力して保存する対応が考えられる。ただし、電子帳簿保存法上は、インターネットを通じて入手する利用証明書は電子取引の取引情報として、一定の保存要件（電子帳簿保存法上の電子取引データ保存の要件）を満たす方法により電子データでの保存が必要になる点に留意する必要がある（電帳法7条等）。

　なお、クレジットカード会社が交付するWEB明細では、適格請求書等として認められない点に留意する必要がある。同様に、サービスエリアやパーキングエリアに設置されている「ETC利用履歴発行プリンター」から得られる利用明細も、適格請求書等として認められない。

8. 適格請求書および適格返還請求書の交付義務について（交付しなかったときにどのような取扱いになるのか）

　インボイス制度下においては、適格請求書を交付できる事業者として登録を受けた者（適格請求書発行事業者）には、相手方（課税事業者に限る）からの求めに応じて、適格請求書（または適格簡易請求書）もしくはそれらの電磁的記録（いわゆる電子インボイス）の交付義務が課される。また、適格請求書発行事業者には、課税事業者に返品や値引き等の売上げに係る対価の返還等を行う場合、適格返還請求書の交付義務が課される。

これらの交付義務が、失念その他の原因により履行されなかったときの取扱いが論点になる。

　以下、適格請求書と適格返還請求書に分けて、それぞれの論点を説明する。

（1）適格請求書の交付義務

　適格請求書発行事業者には、国内において課税資産の譲渡等を行った場合に、相手方（課税事業者に限る）からの求めに応じて適格請求書を交付する義務が課される（消法57条の4第1項）。

　売手側に交付義務が一義的に課されているので、請求書の記載内容に誤りがあった場合には、売手は、①正しい内容が記載された適格請求書を再発行する、または②当初に交付したものとの関連性を明らかにし、修正した事項を明示したもの（正誤表のようなイメージ）を交付する、もしくは③買手において適格請求書の記載事項の誤りを修正した仕入明細書等を作成し、売手である適格請求書発行事業者に確認を求めるといった対応を図る必要が生じる。買手側が勝手に修正等することは認められない。

（2）適格請求書を交付しなかった場合の取扱い

　このように適格請求書発行事業者には、相手方（課税事業者に限る）からの求めに応じて適格請求書を交付する義務が課されているが、もしも故意に交付しなかった場合、または過失により交付しなかった場合にどのように取り扱われるのかが問題となる。

　この点については、消費税法上、交付しなかったことに対応する直接の罰則規定が置かれているわけではない（適格請求書類似書類等の不正交付に係る罰則規定は内容が異なるものであり、この場面では適用されない）。ただし、適格請求書発行事業者が故意または過失により交付しなかったことにより、買手側において仕入税額控除ができなくなったときは、売手はその買手に対して、仕入税額控除できなくなったことによる損失について

民事上の不法行為に係る損害賠償責任を負うものと解される（もちろん買手が請求するかどうかは別であり、円滑な取引関係にある場合は、そのような請求を行わないことは十分に考えられる）。

なお、適格請求書を交付しなかった場合であっても、その課税資産の譲渡等の対価の額に係る消費税額については、売上税額にカウントしなければならないことは言うまでもない。

（3）適格返還請求書を交付しなかった場合の取扱い

適格請求書発行事業者には、課税事業者に返品や値引き等の売上げに係る対価の返還等を行う場合、適格返還請求書の交付義務が課されている（消法57条の4第3項）。

適格請求書発行事業者が、適格返還請求書の交付を行わず、適格返還請求書の写しの保存がない場合であっても、売上げに係る対価の返還等をした金額の明細を記録した帳簿を保存している場合には、対価の返還等の額に係る消費税額を売上税額から控除することは認められる（消法38条2項）。

ただし、適格返還請求書の交付がなかったことが原因でその買手において仕入税額からの対価の返還等に係る金額に係る消費税額の控除を失念してしまうと、納付税額が過少になるため、買手が税務調査で指摘を受けることになりかねない。その場合に発生する加算税・延滞税について、先の考え方と同様に、売手に民事上の損害賠償責任が課されるものと考えられる。

以上のように、適格請求書および適格返還請求書の交付は義務である以上、買手に迷惑をかけないように、その義務を履行すべきものと考えられる。

9. チケット業者から新幹線の切符を購入した場合の取扱い

チケット業者から新幹線の切符を購入し、法人の出張に使用した場合、

チケット業者から購入した段階では非課税取引となる（領収書等に消費税額等の表示もされない）ため、適格請求書等の交付を受けることはできない。原則として、その乗車券を使用した段階で役務提供を受けることになり、その時点で会社にとって課税仕入れになる。ただし、乗車券を使用した時点で適格請求書等の交付を受けることはできない。

　この場合に、出張旅費を経費とした法人において仕入税額控除の適用を受けるためには、出張旅費等特例を適用することが考えられる。インボイス制度下においては、課税仕入れに係る支払対価の額が３万円未満の場合の特例はなくなるため、帳簿のみの保存により仕入税額控除を受けるためには、出張旅費等特例の適用を受けることが現実的である。

10. 外貨建ての仕入れの取扱い（適格請求書等に記載された消費税額等が請求書等の交付を受けた側の円換算の方法と異なる場合の取扱い）

　外貨建ての仕入れについては、輸入の相手方の適用する換算レートと仕入れを行った国内の事業者が適用する換算レートが異なる場合がある。その場合、仕入税額の計算について割戻し計算方式を適用するか、積上げ計算方式を適用するかによって、その対応は異なる。

（1）仕入税額の計算に積上げ計算方式を適用する場合

①　請求書等積上げ計算の場合

　積上げ計算方式による場合、取引先から交付を受けた適格請求書等を基礎として仕入税額を計算することとなるため、外貨建取引に係る適格請求書等を取引先から交付を受けた場合、当該適格請求書等に記載された「税率の異なるごとに区分した消費税額等」を基礎として計算することとなる。

　この場合、当該適格請求書等に記載された消費税額等が請求書等の交付を受けた側（仕入れを行った国内事業者）の円換算の方法と異なるところにより算出されていたものであったとしても、問題はない。当該適格請

求書等に記載された「税率の異なるごとに区分した消費税額等」を基礎と
して計算することとなる。結果として、適格請求書等に記載された消費税
額等と帳簿に記載された仮払消費税等が異なることになるが、決算時に、
「仮受消費税等」と「仮払消費税等」を相殺した額と、適格請求書等に記
載された消費税額等に基づいて算出された未払消費税等の額との差額は、
雑損失または雑収入（消費税の課税対象外）として処理すればよいことに
なる。

仮受消費税等	ＸＸＸ	仮払消費税等	ＸＸＸ
雑損失	Ｘ	未払消費税等	ＸＸＸ

または

仮受消費税等	ＸＸＸ	仮払消費税等	ＸＸＸ
		未払消費税等	ＸＸＸ
		雑収入	ＸＸＸ

②　帳簿積上げ計算による場合

　帳簿積上げ計算による場合、課税仕入れに係る支払対価の額から帳簿に
記載する仮払消費税額等を算出することとなるため、外貨建取引の場合、
次のいずれかの計算方法により、仮払消費税額等を算出することとなる。

　なお、税抜経理により記帳している事業者については、現在行っている
外貨建取引に係る記帳方法と異なるものではないが、仮払消費税額等を算
出する際の端数処理は、切捨てまたは四捨五入となる点に留意する必要が
ある。

① 課税仕入れに係る支払対価の額（外貨税込）を円換算後、仮払消費税額等を算出する方法

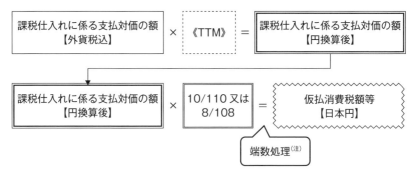

② 課税仕入れに係る支払対価の額（外貨税込）から計算過程の仮払消費税額等（外貨）を算出後、円換算する方法

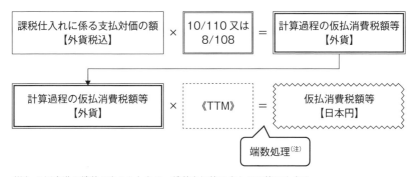

（注）　1円未満の端数が生じたときは、端数を切捨てまたは四捨五入する。

　なお、上記の2つの方法は、課税仕入れごとに選択適用できると解される。

（2）仕入税額の計算に割戻し計算方式を適用する場合

　割戻し計算による場合は、課税期間中の課税仕入れに係る支払対価の額を税率ごとに合計した金額を基礎として仕入税額を算出することから、外貨建取引の場合、帳簿に記載された円換算後の課税仕入れに係る支払対価の額を基礎として行うことになる。

　課税期間中の課税仕入れに係る支払対価の総額に対して割戻し計算を行

うことが考えられる。帳簿に記載された仮払消費税等と実際の消費税額等との差額について、買掛金等を相手勘定として調整することが考えられる。

（3）適格請求書等に記載された消費税額等が請求書等の交付を受けた側の円換算の方法と異なる場合の対応

　輸入先の換算方法がTTM、課税仕入を行った者の換算方法がTTBのように、両者の換算方法が異なることがある。この場合であっても、積上げ計算方式の場合は、調整の問題は生じない。請求書等積上げ計算による場合は、すでに説明したように、当該適格請求書等に記載された「税率の異なるごとに区分した消費税額等」を基礎として計算することになるため、帳簿に記載された仮払消費税等との間にずれが生じても、決算時に、「仮受消費税等」と「仮払消費税等」を相殺した額と、適格請求書等に記載された消費税額等に基づいて算出された未払消費税等の額との差額を、雑損失または雑収入（消費税の課税対象外）として処理すればよいと考えられる。

　また、帳簿積上げ計算による場合は、適格請求書等に記載された「税率の異なるごとに区分した消費税額等」を基礎とするのではなく、帳簿に記載された仮払消費税等を基礎に計算するため、基本的にはずれの問題は生じないと考えられる。

　一方、割戻し計算方式による場合、課税期間中の課税仕入れに係る支払対価の総額に基づいて割戻し計算を行うことが考えられる。実際に帳簿に記載した仮払消費税等と、割戻し計算により計算された仮払消費税等にずれが生じたときは、買掛金等を相手勘定として仮払消費税等を調整することが考えられる。

【著者略歴】

太田達也（おおた　たつや）

【主な経歴】

公認会計士・税理士

昭和34年、東京都生まれ。

昭和56年、慶應義塾大学経済学部卒業。第一勧業銀行（現みずほ銀行）勤
　務を経て、

昭和63年、公認会計士第2次試験合格後、太田昭和監査法人（現EY新日
　本有限責任監査法人）入所。

平成4年、公認会計士登録。

　主に上場企業の監査業務を経験した後、現在同監査法人ナレッジ本部に
て、会計・税務・法律など幅広い分野の助言・指導を行っている。豊富な
実務経験・知識・情報力を活かし、各種セミナー講師として活躍中で、実
務に必須の事項を網羅した実践的な講義には定評がある。

【主な著書】

「改正商法の完全解説」

「『増資・減資の実務』完全解説」

「『役員給与の実務』完全解説」

「『固定資産の税務・会計』完全解説」

「新会社法の完全解説」

「『リース取引の会計と税務』完全解説」

「『債権処理の税務・会計・法務』完全解説」

「『解散・清算の実務』完全解説」

「『純資産の部』完全解説」

「決算・税務申告対策の手引」

「事業再生の法務と税務」

「合同会社の法務・税務と活用事例」

「同族会社のための『合併・分割』完全解説」

「『収益認識会計基準と税務』完全解説」

週刊「経営財務」、週刊「税務通信」（以上、税務研究会）

「新会社法と新しいビジネス実務」

「会社法決算のすべて」

「会社法決算書作成ハンドブック」

「四半期決算のすべて」（以上、商事法務）

「不良債権の法務・会計・税務」

「会社分割の法務・会計・税務」

「金融商品の会計と税務」

「四半期決算の会計処理」

「四半期開示の実務」（以上、中央経済社）

「株主総会の財務会計に関する想定問答」

「例解　金融商品の会計・税務」（以上、清文社）

「減損会計実務のすべて」（税務経理協会）など執筆多数。

消費税の「インボイス制度」完全解説

令和 4 年10月 5 日	初版第一刷発行
令和 5 年 3 月24日	改訂版第一刷発行
令和 5 年 8 月30日	改訂版第三刷発行

（著者承認検印省略）

Ⓒ　著 者　太田　達也

発行所　税 務 研 究 会 出 版 局

週 刊「税務通信」「経営財務」発行所

代表者　山 根　　毅

〒100-0005
東京都千代田区丸の内1-8-2 鉄鋼ビルディング
https://www.zeiken.co.jp

乱丁・落丁の場合は、お取替え致します。　　印刷・製本　奥村印刷

ISBN978-4-7931-2744-1